BIBLIOTHÈQUE
DE PHILOSOPHIE CONTEMPORAINE

PARADOXES

SOCIOLOGIQUES

PAR

MAX NORDAU

PARIS

ANCIENNE LIBRAIRIE GERMER BAILLIÈRE ET Cⁱᵉ

FÉLIX ALCAN, ÉDITEUR

108, BOULEVARD SAINT-GERMAIN, 108

189

PARADOXES
SOCIOLOGIQUES

PARADOXES
SOCIOLOGIQUES

PAR

MAX NORDAU

TRADUIT DE L'ALLEMAND

PAR

AUGUSTE DIETRICH

PARIS

ANCIENNE LIBRAIRIE GERMER BAILLIÈRE ET Cⁱᵉ

FÉLIX ALCAN, ÉDITEUR

108, BOULEVARD SAINT-GERMAIN, 108

1897

PARADOXES SOCIOLOGIQUES

I

REGARD EN ARRIÈRE

Dans une réunion mondaine berlinoise un peu nombreuse, j'étais assis en un coin, et contemplais le tableau que j'avais devant les yeux. Le maître de la maison contraignait son visage dur et récalcitrant au sourire figé ou plutôt au ricanement d'une danseuse, trahissant trop clairement qu'il a été emprunté pour la circonstance au costumier. La maîtresse de la maison donnait à ses lèvres passées au rouge une courbe aimablement douceureuse et décochait de temps à autre sur quelques invitées plus jeunes et plus jolies qu'elle, des regards chargés d'un triple extrait de venimeuse envie. Les jeunes filles jouaient, les unes adroitement, les autres si malhabilement qu'on se sentait tenté de les siffler et de leur lancer des pommes cuites, le rôle vaudevillesque de l'ingénue ahurie et intimidée. C'étaient des petites bouches oubliées entr'ouvertes dans un trouble charmant, des yeux levés au ciel dans une extase sans cause, c'étaient des « ah! » et des « oh! » complètement idiots, des explosions de petits rires imbéciles, tels que peuvent en avoir des huîtres chatouillées par un doigt espiègle, des petites réponses spirituelles de nature à vous faire lever les bras et à pousser des hurlements de douleur ; et au milieu de toutes ces minauderies et manières précieuses, le sang-froid merveilleux d'un guerrier blanchi sous les armes, de temps en temps un regard dérobé acéré et impitoyable sur une rivale, un jugement cruel ou haineux sur sa personne et sa toilette, une estimation boutiquière minutieuse du prix de celle-ci, l'observation scientifiquement exacte de la durée de sa conversation avec les différents mes-sieurs, et la constatation du nombre de ses dan-seurs et adorateurs ; et au cours de ce froid calcul de tête, à tout instant un agenouillement mental enthousiaste devant sa propre personne, et la répétition de la fervente litanie d'adoration per-sonnelle : « C'est toi qui es la plus belle, la plus intelligente, la plus gracieuse de toutes. Amen ! » Les messieurs jeunes et ceux qui voulaient l'être formaient de dignes partenaires de cette « ravis-sante guirlande de dames », suivant l'expression consacrée. Ils admiraient la blancheur et la gla-çure de leur devant de chemise, le vernis de leurs

souliers pointus de pieds plats, la courbe hardie
des basques de leur habit. Ils arrivaient presque
à imiter le truc du caméléon, tournant un œil
amoureux vers une jeune fille, un autre plus
amoureux encore vers la glace. Le vide de leur
esprit était rempli par une seule image : celle de
leur propre irrésistibilité. Quand l'un d'eux cau-
sait avec une dame, il observait de toute la ten-
sion de ses facultés psychiques l'effet qu'il pro-
duisait sur elle, et qu'il tâchait de renforcer au
plus haut point possible par cent plaisants artifices
du corps, de la voix, du regard, de la parole.
Pendant ce temps, la dame aussi était préoccupée
uniquement de produire sur lui la plus profonde
impression qu'elle pouvait, et le choc de ces deux
vanités démesurées, de ce double égoïsme impitoyable, laissait visiblement chez la dame et
chez le monsieur un sentiment de plaisir, tel que
l'éprouve l'organisme quand il a conscience d'une
grande et utile dépense de forces. A côté des sots
et des sottes passionnément amoureux d'eux-
mêmes, des infâmes chasseurs de chevelures des
deux sexes qui, dans un salon, comme dans une
forêt vierge, cherchent uniquement des victimes,
pour pouvoir suspendre des trophées à leur ceinture, il y avait aussi d'autres figures qui pouvaient
amuser l'observateur. Des intrigants pratiques

assiégeaient les mères et les tantes de riches héri-
tières. De répugnants imbéciles formaient des
groupes autour d'une coquette bête et effrontée sur
le compte de laquelle on se chuchotait à l'oreille
toutes sortes de, sales histoires, et leurs yeux de
faunes, leur sourire de satyres trahissaient les
pensées inavouées qui émoustillaient agréablement leurs sens dépravés. On se pressait autour
d'un jeune homme à mine importante, l'influent
secrétaire particulier d'un ministre, et l'on n'avait
pas honte d'écouter avec un bas sourire de flagornerie ses ineffables platitudes. Un poète célèbre
fut poussé dans un coin par deux dames préten-
tieuses qui cherchaient à dissimuler leurs couches
corticales annuelles, et avaient pris pour prétexte
de dégorger de niais lieux-communs sur des œuvres
littéraires. Un profond philosophe eut la mala-
dresse de se fourvoyer dans un petit cercle qui
s'était formé autour d'un peintre tout bouffi
d'orgueil, et la naïveté de se mêler à la conversation. Le peintre ne parla que de lui, de ses
rivaux, de ses tableaux et de ses succès, et n'offrit
matière au penseur, pendant un long quart
d'heure, qu'à des propos puérils de diseur de
riens, dont il dut ensuite rougir. Un acteur dé-
bita, sur un ton important et pénétré, comme s'il
éjaculait des révélations du haut du Sinaï, de fades

anecdotes de théâtre, et des yeux de ses auditrices jaillissaient des ardeurs d'admiration qui menaçaient de comburer le gilet du comédien portifiant. Un fort millionnaire passait en revue cette cohue agitée, et méditait, plein d'estime pour lui-même, combien il était plus grand et plus élevé que tous ces poètes et ces philosophes, ces comédiens et ces peintres, petites gens à qui la mode et les préjugés de la société accordent une certaine considération uniforme, mais qui, pris tous ensemble, ne valaient même pas la centième partie de sa signature. C'est ainsi que ce mélange de niaise présomption, de sotte afféterie, de sentiments bornés et bas, d'inexorable égoïsme et de pure et simple bêtise sans autre qualificatif, tourbillonna pendant cinq ou six longues heures, tantôt en dansant, tantôt en causant, à l'accompagnement harmonieux de la musique ou du bruit des assiettes et des tasses, jusqu'à ce qu'enfin, le visage tiré et les yeux cerclés de noir, on s'apprêtât au départ.

Rentré chez moi, je repassai dans mon esprit, suivant ma fâcheuse habitude, les impressions de la soirée. Pourquoi m'étais-je fatigué par cette veille malsaine ? Pourquoi m'étais-je privé des douceurs du lit, pour respirer dans la chaleur et dans l'encombrement un air dont l'oxygène avait été déjà consommé par des gens vulgaires, niais, méchants ou indifférents? Quel avantage physique, intellectuel ou moral, avais-je retiré de ce tracas? Quelles impressions agréables avais-je reçues, quel mot intelligent enfin avais-je entendu, à quel propos heureux avais-je moi-même été incité? En repensant aux dernières heures écoulées, je ne trouvai rien. Un désert avec quelques os de chameaux desséchés et le jappement lointain des chacals; des ténèbres rayées de quelques phosphorescences répugnantes de putréfaction; un trou noir dans la vie. Je rougissais de la lâcheté avec laquelle j'avais accepté l'invitation, parce qu'on ne peut pourtant froisser par un refus le maître de maison bien posé et influent; je me sentais humilié au souvenir de la tolérance immorale avec laquelle j'avais subi des remarques impudemment présomptueuses ou niaisement plates, en y souriant même poliment; de l'inconcevable faiblesse avec laquelle j'avais participé moi-même au radotage des gens, avais pataugé dans le bourbier banal de leurs vues, faiblesse qui m'apparaissait après coup comme une complicité coupable sans circonstances atténuantes. J'avais un vrai mal de cheveux, d'autant plus pénible qu'il n'avait pas été précédé du plaisir de l'ivresse. Or, selon la coutûme, ce n'est pas contre

moi, le seul coupable au fond, mais contre les
autres, que je donnai carrière à ma mauvaise
humeur. Il est tellement humain de rendre les
autres responsables du mal que l'on s'est fait soi
seul! Je cherchai en conséquence à soulager mon
humeur aigrie, en prononçant une condamnation
générale sur l'humanité. Tous polichinelles, ona-
gres, ou coquins! Bestiaux ruminants, ou fauves
sanguinaires, ou vulgaires mâtins de l'espèce de
ceux dont on noie les petits ou que l'on donne
à qui les veut. Un dégoût ou une horreur! Et
c'est un drôle ou un fou, celui qui, sans y être
contraint sous peine de mort, se mêle à cette ver-
mine, hurle volontairement avec les loups et
mugit avec les bœufs, vante avec le vautour les
délices de la charogne, et fait la cour à la dinde
pour son esprit!

Tandis que des pensées blasphématoires de cette
sorte se pourchassaient dans mon cerveau, mes
yeux tombèrent par hasard sur mon microscope,
resté sur mon bureau à la suite de mon travail de
la journée. Cet instrument agit sur moi comme
jamais auparavant. La comparaison pourra sem-
bler étrange, mais il parut se poser devant moi
comme Phryné nue devant les juges d'Athènes, et
dire : « Regarde-moi, et ensuite condamne, si tu
en as le courage. » En moi s'éleva une voix qui,

sérieuse et autoritaire, me taxa d'injustice, et
commença à célébrer avec enthousiasme l'humanité que je venais de condamner. Comment avais-
je l'audace de traiter de sots et de superficiels ces
mêmes hommes qui ont pu inventer le microscope ! Quel travail intellectuel profond, persévérant et vigoureux, présupposait déjà ce seul
instrument ! Il se peut que ce soit le hasard qui
d'abord ait enseigné comment un verre concave,
comment un verre convexe, comment l'assem-
blage des deux verres se comportent devant un
rayon lumineux. Mais l'esprit humain devait
exploiter ce hasard à l'aide de son travail, pour
en retirer toutes les virtualités qu'il renfermait. On
dut suivre et fixer exactement la voie parcourue
par les rayons lumineux à travers les différents
verres, tantôt divergents, tantôt parallèles, tantôt
convergents. On dut trouver la théorie géomé-
trique de ces phénomènes. On dut construire des
appareils d'une admirable finesse, pour tracer sur
une plaque de verre des lignes qui divisent un
millimètre en cent parties. Les hommes sont venus
à bout de tout cela. Et en vue de quoi ont-ils
dépensé tant de peine et de perspicacité ? Pour
étendre imperceptiblement, d'une distance toute
petite, échappant presque à la mesure, les limites
de la connaissance. L'ignorant seul, en effet, prend

le change sur les services réels que le microscope
est à même de rendre. Ce qu'on distingue avec son
aide n'est rien, non seulement comme étendue,
mais aussi comme importance, auprès de ce que
l'on voit à l'œil nu. Le chien offre beaucoup plus
d'intérêt que l'infusoire, et le chêne que la bac-
térie. Une artère est beaucoup plus merveilleuse
qu'un vaisseau capillaire, le mouvement complexe
d'un bras beaucoup plus surprenant que le simple
mouvement de reptation d'une parcelle de proto-
plasma ou que la vibration brownienne d'une infime
particule de matière inorganique, et une poitrine
humaine avec tout ce qu'elle contient, beaucoup
plus étonnante qu'une cellule et que ce qu'elle
renferme. Les renseignements qu'un seul regard
sur le monde extérieur nous apporte au sujet de
toutes les conditions du cosmos et de notre « moi »,
ne sont même pas comparables à ceux que peut
nous donner l'étude la plus persévérante de pré-
parations microscopiques. Ce qu'en réalité nous
voudrions savoir : comment sont constitués les
corps dans leur essence la plus intime, de quels
derniers éléments les plus simples ils sont com-
posés, comment agissent les forces chimiques et
biologiques, le microscope ne nous en dit pas le
moindre mot. La dernière forme que nous dévoile
même le meilleur de ces instruments, c'est la

1.

cellule, dans laquelle nous distinguons un noyau.
Peut-être voyons-nous aussi ce noyau consister
en une enveloppe, en une matière vraisemblablement liquide, et en un corpuscule central. Mais
là s'arrêtent la vue et la distinction. Pourtant, à
en conclure d'après ses fonctions, le noyau cellulaire doit être une machine excessivement com-
pliquée, dont nous devrions connaître la cons-
truction et le travail, pour pénétrer le secret de
la vie. Entre le noyau cellulaire encore perceptible tout juste et ses derniers éléments consti-
tutifs, s'étend encore une si énorme distance,
que le petit bout de chemin entre le tissu visible
à l'œil nu et la cellule, que nous pouvons parcourir à l'aide du microscope, ne signifie rien
comparativement. C'est absolument comme si je
voulais, assis à Berlin dans une chambre, regarder du côté de New-York, et ouvrais la porte,
de sorte que j'aurais agrandi mon horizon de
toute la largeur de l'antichambre. Et pour cet
imperceptible allongement de la perspective, les
hommes se sont donné tant de peine, ont dépensé tant de travail persévérant, d'esprit et
d'habileté !

De mon microscope mon regard se porta sur
ma bibliothèque, où il tomba tout d'abord sur les
œuvres de William Thomson et de Helmholtz. Je

réfléchis à ce que nous savons aujourd'hui de ce que l'on nomme si inexactement les secrets de la nature. La nature n'a pas de secrets ; elle fait tout avec une franchise débonnaire. Ses fonctions s'accomplissent au grand jour, avec dégagement de lumière et de bruit, avec accompagnement de phénomènes qui éveillent l'attention. Notre faute, ou plutôt notre faiblesse, c'est de ne pas comprendre ce qui se passe autour de nous et en nous. De même que des parents parlent en présence de tout petits enfants sur toutes les choses possibles, sans que l'esprit encore trop peu développé des petits auditeurs auxquels on ne prend pas garde puisse comprendre le fond de la conversation et retenir autre chose que quelques mots sans enchaînement, ainsi la nature se livre en notre présence à tous ses travaux, et nous regardons avec des yeux stupides d'enfants, et nous ne comprenons pas, et nous ne remarquons de temps en temps qu'un coup de main, un mouvement qui revient fréquemment, un mot, sans soupçonner la signification et l'intention de tout cela. On voit que je ne m'exagère pas l'étendue de notre connaissance de la nature. Mais même le peu que nous sommes parvenus à dérober à la grande Mère, quels dons magnifiques ce peu ne présuppose-t-il pas chez nous autres hommes !

Pendant des siècles, des dizaines de siècles, on a dû épier, dépenser en masse énorme pénétration, mémoire, facultés de combinaisons, puissance d'imagination, déployer au plus haut degré patience et attention ; on a dû éviter les fourvoiements les plus perfides, vaincre les habitudes les plus obstinées de la pensée, pour parvenir à notre état actuel de la connaissance de la nature. C'est un tableau favori de ma fantaisie, de me représenter Pythagore visitant, en sa qualité d'illustre savant étranger, sous la conduite des professeurs compétents, le laboratoire de physique et de chimie d'une grande université de nos jours. Je me dépeins ce qui se passe dans son esprit, et les alternatives d'étonnement, de recueillement religieux et d'admiration sur sa physionomie, à la vue et à l'explication des appareils qui permettent d'analyser la nature chimique des sources du rayonnement du soleil et même des nébuleuses, d'enregistrer le nombre des vibrations d'une onde sonore par seconde, le nombre et l'étendue des vibrations d'un rayon lumineux, de mesurer la rapidité de la translation d'un courant électrique à travers un fil de cuivre ou d'argent, de reconnaître la quantité de chaleur qui, dans la combinaison ou la décomposition chimique de deux gaz, est libérée ou absorbée. Quel horizon

s'ouvrirait soudainement devant lui ! Quel élargis-
sement en quelque sorte divin de son esprit senti-
rait-il en lui ! Et cet antique fils de la Grande-
Grèce savait cependant déjà tant de choses, et
avait déjà eu l'idée de chercher derrière les phénomènes naturels de simples et fixes rapports de
nombres ! Que ne fallait-il pas pour arriver à la
supposition que l'air que nous respirons est com-
posé de plusieurs corps, que l'eau simple, omni-
présente, qui pour cette raison nous est familière
et pendant des milliers d'années n'attira certainement pas l'attention des hommes, est composée
de deux espèces de gaz, qu'un son est en réalité
une ondulation, et une unique couleur plusieurs
milliards ou billions de vibrations ! Quand en effet
j'analyse mes sentiments, je trouve que ce qui
m'émeut, c'est bien moins ces faits actuellement
connus de nous, que le désir qui nous a incités à
les chercher. Les hommes qui consacrèrent à la
modeste eau des années de recherches et de contemplation, qui, partant de l'observation que la
chaleur la réduit à l'état gazeux, se demandèrent
si la vapeur à son tour n'est pas composée de vapeurs ou de gaz plus simples, ces hommes n'étaient
ni obtus ni légers. Ils ne se contentaient pas de
l'apparence superficielle ; ils voulaient aller au
fond de toutes choses. Ou bien les hommes qui

s'arrêtèrent à quelque chose d'aussi banal qu'une impression de la vue et de l'ouïe, et voyaient dans cette impression en apparence une et indivisible la somme de plusieurs éléments primaires, ces hommes étaient-ils par hasard des jouisseurs frivoles qui vivaient nonchalamment sans souci du lendemain ? Non, ces hommes étaient moraux ; ils étaient profonds et grands. Ils ne cherchaient pas la satisfaction de leurs sens grossiers et très grossiers, mais des jouissances pour le sens le plus délicat que nous possédons : le besoin de vérité et de connaissance. Sans doute, c'est aussi un plaisir de trouver une vérité nouvelle, et vraisemblablement un plaisir de beaucoup supérieur à celui que peut nous procurer n'importe quelle autre satisfaction physique. Le cri d'Archimède : « Trouvé ! » résonne plus joyeusement à travers l'histoire de l'humanité, que l'exclamation ivre d'un amant quelconque lors du premier enlacement avec sa bien-aimée, et l'effroi muet de Newton, quand son chat, renversant sa lampe, causa la destruction de ses feuilles chargées de ses plus importants calculs, fut sans aucun doute une sensation aussi torturante que celle de Napoléon le soir de Waterloo. Mais c'est pourtant un plaisir de toute autre espèce que ceux que peuvent procurer un bon dîner ou même une suite de bons dîners s'étendant jusqu'au terme de l'existence, le pavanement dans de beaux vêtements, des compliments flatteurs de voisins de table, des conquêtes amoureuses et des succès mondains, et ce sont vraiment des hommes devant lesquels on voudrait joindre les mains, ceux qui ne demandent d'autre but à leur existence que l'espoir de trouver une vérité, et dont le bonheur et la joie consistent en une nouvelle connaissance.

A côté des physiciens, des astronomes, des naturalistes, mon regard, glissant lentement, atteignit les philosophes. Fechner, Lange, Wundt, Zeller, Spencer, Bain, Mill, Taine, Ribot, tels sont les noms que je lus à la file sur le dos de livres qui me sont chers. C'était une vision à la Macbeth. Des têtes armées, des figures couronnées surgissaient devant mes yeux ; un long cortège de rois sortait de l'obscurité et passait majestueusement devant moi, saluant d'une inclination légère de leur tête puissante, souriant d'un œil bienveillant. Et à l'encontre de Macbeth auprès de la sorcière, je ressentis à cet aspect non de la terreur, mais une élévation indicible. Car ces rois, ces conquérants de vastes contrées intellectuelles, ces capitaines victorieux contre des erreurs redoutables, n'étaient pas des ennemis, mais mes propres superbes aïeux, et me dire de leur parenté, quelque distante qu'elle soit, de leur descendance, quoique à un degré très lointain, c'est une pensée incomparablement fière. Et cette descendance, cette parenté ne peuvent être contestées. Nous tous qui avons part à la culture de notre temps, nous faisons partie de la famille de ces rois de l'esprit, quand ce ne serait que comme fils cadets et sans espoir de leur succéder dans les plus hautes places ; nous avons la ressemblance familiale avec les augustes têtes à médaille ; nous pouvons prouver la possession de joyaux de famille, de pensées et de vues que nous avons hérités de ces ancêtres. Ils ont travaillé pour nous comme des géants, et nous vivons, presque sans y prêter attention, au milieu de connaissances dont l'acquisition a été beaucoup plus merveilleuse que tous les travaux d'Hercule réunis.

Je répétai ce qu'on a fait déjà si souvent avant moi, que cela est presque devenu un lieu commun : inspiré par la vue de *L'homme préhistorique*, de Lubbock, je parcourus mentalement l'évolution entière de notre espèce, depuis sa première apparition sur la terre jusqu'au jour actuel. Quelle ascension ! Quelle succession de tableaux glorieux et sublimes ! Les hommes qui ont laissé dans les marais danois leurs déchets de cuisine, et dans le Néanderthal, à Cro-Magnon et à Solutré, leurs crânes, ces hommes n'étaient pas beaucoup au-

dessus des animaux quelque peu doués, peut-être
pas au niveau du caniche savant auquel sir
John Lubbock essaya d'apprendre à lire; en tout
cas, ils étaient à un niveau plus bas que les habitants de la Terre de Feu, les Boschimans ou n'importe quel type humain actuellement vivant. Ils
étaient plus mal protégés contre le froid et l'hu-
midité que le ver de terre nu, qui du moins peut
s'enfoncer rapidement et facilement dans le sol.
Ils étaient plus faibles que les grands carnassiers,
plus lents que les animaux ongulés, plus dépourvus de défense que les herbivores à cornes. Quand
ils ne trouvaient pas de fruits d'arbres, ils res-
taient pitoyablement accroupis le long des côtes
de la mer, attendant que la marée basse leur aban-
donnât sur les fonds à découvert, comme nourriture, des vers et mollusques de toute espèce. Mais
dans ces misérables créatures vivait quelque chose
qui faisait d'elles l'orgueil de la terre. Seuls dans
la série à nous connue des êtres vivants, ils n'ac-
ceptaient pas leur destinée et engageaient la lutte
contre les conditions d'existence que leur impo-
sait la nature. Ils étaient nus ? Ils inventèrent à
leur usage des enveloppes, depuis la mythique
feuille de figuier jusqu'à la robe de soie et de velours du couturier à la mode des grandes villes,
que des gens très sérieux regardent comme une

œuvre d'art. La pluie les incommodait? Ils se construisirent des abris, depuis le nid d'arbre de branches enchevêtrées, jusqu'à la coupole de Saint-Pierre dressée par Michel-Ange, et trouvèrent dans l'intervalle encore du temps pour des plaisanteries telles qu'un parapluie, un chapeau panama, et le persiflage de celui-ci, un béret d'étudiant allemand. Ils ne couraient pas assez vite? Ils cassèrent les reins d'abord au cheval, et arrivèrent finalement au train-éclair, reposant leur esprit en route par l'invention du « sapin », de la bicyclette et du train omnibus. Ils étaient plus faibles que les grands fauves? Krupp et White-head sont là pour témoigner qu'aujourd'hui ils n'ont plus à avoir peur de leurs ennemis. Sans s'arrêter un moment, marchant constamment de l'avant, ils arrivèrent toujours plus loin, toujours plus haut, du tissu en fibres végétales entrelacées jusqu'au jacquard, et du coin en pierre jusqu'à l'accumulateur électrique. Chaque génération a collaboré à cette œuvre, chaque génération sans exception. On lit et on entend dire parfois que les hommes doivent avoir oublié toutes sortes d'inventions importantes; que les anciens Égyptiens, les Hindous, les Juifs, ont connu des arts et des forces naturelles qui sont ou complètement perdus pour nous, ou que nous avons dû redécouvrir après un oubli de milliers d'années. Cela est invraisemblable au plus haut degré. Une pareille supposition procède du même mysticisme qui a également suggéré aux hommes le rêve si répandu du « bon vieux temps », de « l'âge d'or » situé dans le passé. Il n'est pas vrai qu'il y a dans l'histoire de l'humanité des époques de recul, ou même seulement d'arrêt. L'affirmation contraire repose sur une observation inexacte et sur un jugement incomplet. Au Yucatan, on trouve au milieu des forêts vierges les ruines de grands temples témoignant d'une architecture avancée, tandis que les habitants actuels du pays demeurent dans des cabanes faites de branches d'arbres. Dans l'Asie centrale, des peuples nomades qui ont pour abri une tente de feutre, errent à travers les ruines de vastes villes renfermant des palais en pierre, des canaux d'égout, des sculptures et des inscriptions. En Egypte, les pyramides et les pylones regardent de haut les nids en argile des fellahs. Le premier moyen âge a l'air d'une ruine de l'antique civilisation gréco-romaine. Tout cela ne m'échappe pas. Mais que remarquons-nous dans chacun des cas cités ? Seulement ceci, que les hommes ont désappris temporairement d'avoir des besoins de luxe et de les satisfaire. On pouvait oublier ce qui était beau, mais superflu ; jamais le nécessaire. Les

hommes pouvaient perdre l'adresse de broder
leurs vêtements, jamais celle de se vêtir, celle-ci
une fois acquise. On pouvait cesser de recouvrir
les toits de lames d'or, on ne cessa jamais de construire un abri. Les connaissances essentielles,
c'est-à-dire celles qui sont destinées à compenser
la destitution native de l'homme au milieu d'une
nature hostile, c'est-à-dire à lui faciliter sa conservation, ces connaissances, il ne les a jamais désap-
prises, mais au contraire toujours maintenues et
élargies. Il est arrivé que des peuples barbares ont
fondu sur des Etats amollis et pourris par une
haute civilisation, et les ont démolis. Alors on
parle de rétrogradation et de retour à l'état sauvage. A tort. Dans ces cas-là, les barbares victorieux ne s'arrêtèrent jamais. Ils évoluèrent, appre-
nant par eux-mêmes ou par les vaincus. Ceux-ci
aussi reculèrent, non point parce qu'il était peut-
être en eux de ne pas se développer davantage,
mais parce que leurs nouveaux maîtres les empê-
chèrent de force de continuer à vivre dans leurs
habitudes. Je croirai à la possibilité du recul humain, quand on me montrera dans l'histoire
entière un seul cas où un peuple, quoique ne subis-
sant aucune contrainte extérieure invincible,
quoique restant dans les conditions habituelles
préalables, aurait glissé, rapidement ou peu à

peu, d'un état de civilisation une fois atteint à un état inférieur. Je cherche en vain un cas pareil.

Les progrès matériels n'inspirent aucune estime aux contempteurs convaincus de l'espèce humaine, je le sais. Qu'est-ce que cela prouve, que nous correspondions aujourd'hui à l'aide du téléphone et du télégraphe, disent-ils, ou que nous ne tirions plus avec des flèches, mais avec des fusils à répétition ? Les inventions, si belles et si utiles qu'elles soient, ne naissent ni de la bonté ni même de l'intelligence particulière des hommes. On peut habituellement ramener leur origine à un hasard, et leur perfectionnement est presque toujours l'œuvre des instincts les plus bas. Le premier constructeur de la machine à vapeur ne songeait pas à alléger les misères de la vie à de pauvres portefaix ou tourneurs de roues, mais à s'enrichir et à acquérir de la gloire. Nul inventeur ne s'est contenté de la conscience d'avoir rendu à l'humanité un service effectif. Il s'est empressé de réclamer des brevets imposant à son humanité bien-aimée un impôt souvent lourd, pour pouvoir jouir de la nouvelle commodité ; il a crié comme un écorché, quand il ne s'est pas cru suffisamment honoré, apprécié et récompensé en espèces sonnantes par ses contemporains. Les chemins de fer et les ma-

chines-outils ne sont donc en aucune manière des
preuves de la nature pitoyable des hommes.

Je ne m'arrêterai pas à réfuter ces vues en dé-
tail. Je dis seulement : combien grands sont pourtant aussi, à côté des progrès matériels, les progrès intellectuels et moraux ! Quelle somme de
noblesse d'âme, de fidélité à ses convictions et de
sublimité de sentiment, est l'histoire de l'humanité !
Sans doute, si on le veut, on peut ne voir en elle
qu'une suite de guerres sauvages, de destructions
bestiales, d'intrigues, de mensonges, d'injustices
et de violences. Mais ce n'est pas la faute des
hommes, si les historiens ont mis en relief avec
prédilection le côté hideux et criminel des événements. Ceux-ci ont aussi leur beau côté, et il n'y
a qu'à le chercher. Au milieu de la plus horrible
boucherie d'une bataille, s'affirment de glorieux
traits de désintéressement, d'esprit de sacrifice et
d'amour du prochain. Lors du massacre des Inno-
cents à Bethléem, des mères ont eu probablement
l'occasion de déployer tous les trésors d'un cœur
aimant jusqu'à l'oubli de soi-même, et je ne doute
pas que la nuit de la Saint-Barthélemy a vu plus
d'un acte de touchante fidélité et d'admirable
héroïsme. Sur chaque page de l'histoire universelle brille le nom de martyrs qui ont combattu
et souffert pour ce qu'ils avaient reconnu comme

vrai. Pour chaque connaissance, pour chaque progrès a coulé du sang, du noble et généreux sang, souvent à torrents. Et ceux qui ont versé ce sang sans crainte et sans hésitation, quelle récompense ont-ils attendue ? Evidemment, nulle récompense matérielle, car à quoi serviraient tous les millions de la banque d'Angleterre, quand la communication entre la bouche et l'estomac est interrompue par la section de l'œsophage ? Et même nulle récompense morale, pas même la gloire posthume, la survie dans la mémoire des hommes, car beaucoup de grands faits ont eu lieu dans les ténèbres, inaperçus de témoins bavards, seulement vus par l'œil intérieur du héros, œil qui se ferma pour toujours, quand le sacrifice eut été accompli. Ce n'est pas pour un grossier avantage personnel qu'ont lutté les champions primitifs de l'idée, mais pour un bien si délicat et si noble, qu'il ne peut être apprécié que par un esprit hautement aristocratique : pour le droit de respirer dans une atmosphère de vérité, de mettre les actes d'accord avec les jugements, d'exprimer tout haut les pensées intimes qui se lèvent au plus profond de l'âme, de faire participer tous les hommes à une connaissance trouvée.

Mais je n'ai nullement besoin de citer les tragiques exemples de martyrs. La beauté de l'hu-

manité ne s'est en effet pas seulement dévoilée
dans les flammes du bûcher et sur la plate-forme
de l'échafaud ; elle règne plus modestement, mais
également visible, dans tous les temps, dans tous
les lieux, et au milieu de nous. Notre vie quoti-
dienne est entrelacée par elle et en est pénétrée.
Notre civilisation porte, dans les plus grandes choses
comme dans les plus petites, ses traits. Qu'on se
représente seulement de quels sentiments naît la
résolution de fonder un hôpital où seront soignés
de pauvres gens malades ; ou un mont-de-piété,
où le besoigneux obtient un prêt à de faibles intérêts ! Les hommes qui imaginèrent ces institutions
étaient d'ordinaire des gens riches, vivant et mou-
rant dans la surabondance, sans avoir éprouvé
par eux-mêmes la détresse et l'abandon. On ne
pourrait leur faire aucun reproche, si leur esprit
avait été seulement rempli des images à eux con-
nues d'une existence de luxe, si les idées de misère, qu'ils n'avaient jamais pratiquée, n'y avaient
trouvé aucune place. Mais ils sortirent d'eux-
mêmes, ils allèrent à la recherche du lointain. Ils
prirent la peine de se représenter les souffrances
étrangères. Assis en riches à la table du festin, ils
se demandèrent ce que devait ressentir Lazare à
la porte, et, jouant avec des pièces d'or, ils se
représentèrent ce qui adviendrait, s'ils n'avaient

pas le sou de l'emplette pour acheter du pain à leurs enfants. Cela n'est-il pas bien, cela n'est-il pas désintéressé ? L'idée de la solidarité peut d'ailleurs avoir encore joué son rôle ici. Le premier qui se préoccupa des malades et des pauvres, peut avoir été inconsciemment déterminé par ce raisonnement : « Il est possible que moi aussi je devienne un jour pauvre et malade, et alors pour moi aussi l'hôpital ou le mont-de-piété serait un bienfait. » Mais nulle personne n'a dû penser, au moins en Europe, où l'on croit peu à la métempsychose, qu'elle pourrait un jour aussi devenir un roquet ou un cheval, et néanmoins on a fondé des sociétés protectrices des animaux et des refuges pour les chiens sans maîtres, et jeté le manteau royal de la sympathie humaine jusque sur la créature privée de raison. Cette largeur de cœur, dont la préoccupation s'étend jusqu'aux souffrances des animaux, je l'honore même encore dans le mouvement anti-vivisectionniste. Les individus dont celui-ci émane sont à la vérité, au point de vue intellectuel, d'incurables idiots accusant une incapacité de compréhension et de jugement si complète, qu'on devrait leur enlever le droit de dire leur mot dans les choses de l'État et de la commune, ou même de disposer de leur propre avoir. Mais, quant au sentiment, on n'a rien à leur objecter. Ils ónt un cœur pour dcs souffrances qu'ils voient ou peuvent se représenter. Ils agissent en vertu d'une sympathie désintéressée, bien qu'imbécile.

Ainsi, nous sommes tout entourés de manifestations sublimes et touchantes de vertus humaines. Ainsi tout nous parle de grandes et nobles qualités de l'homme : chaque invention, de son intelligence pénétrante et de sa dextérité manuelle ; chaque science, de sa faculté d'observation patiente et de son sérieux désir de vérité ; chaque fait de l'histoire de la civilisation, de sa bonté désintéressée de cœur et de ses égards affectueux pour ses semblables. Innombrables sont les puissants esprits et les âmes profondes qui ont vécu avant nous et vivent avec nous, et le contenu entier de notre existence, notre monde d'idées et de sentiments comme notre bien-être quotidien, se composent des fruits de leur travail.

Mais l'avocat du diable ne perd jamais ses droits. Il arrêta ici l'essor de mon enthousiasme pour l'humanité, en faisant en ricanant cette remarque incidente : C'est très juste. Il y a toujours eu de grands esprits, et peut-être y en aura-t-il toujours ; mais ne sont-ils pas la rare exception ? La majorité ordinaire en est-elle moins pitoyable et basse ? Ceux-là ne sont-ils pas toujours persécutés et hais

par celle-ci? Jean Huss, Arnaud de Brescia
n'étaient chacun qu'une unité; la populace qui
entourait leur bûcher et les vit rôtir avec une édi-
fication joyeuse, comptait par milliers. Galilée
était *un;* les cardinaux qui le contraignirent à se
rétracter en le menaçant de la torture, étaient des
douzaines. A vous, l'évolution de l'humanité se
présente comme une marche en avant ininter-
rompue, sur un large front et en profondes masses.
Ça, c'est un tableau. J'en vois un autre : celui d'une
série de dompteurs qui voudraient apprivoiser une
bête lâche et féroce ; la méchante brute pense
uniquement à déchirer son belluaire, et elle n'est
retenue que par la cravache et le pistolet de celui-ci et par sa propre stupidité et abjection.
Inutile d'ajouter que la bête est l'humanité, et que
les dompteurs sont les grands esprits.

 Ce discours de ma voix intérieure réveilla un
instant toutes les sensations de déplaisir que j'a-
vais rapportées de ma soirée. J'étais près de donner raison à l'avocat du diable. Mais le microscope
était encore là, les noms augustes brillaient
encore sur le dos des livres ; — non, décidément
il n'avait pas raison. C'est une habileté oratoire,
de partager l'humanité en un grand troupeau et
en quelques pasteurs. Il est faux de représenter
les esprits d'élite comme l'unique force motrice, la

foule comme l'éternel obstacle. Cette erreur, je
l'ai aussi longtemps partagée, je l'avoue. J'étais
d'avis qu'on pourrait rejeter toute l'humanité
blanche au niveau du moyen âge, ou plus bas
encore, si on coupait la tête à dix mille contemporains bien choisis, les seuls porteurs réels de
notre civilisation. Je ne le crois plus.

Les qualités sublimes de l'humanité ne sont pas
le bien exclusif d'un petit nombre qui forme
des exceptions, mais des dons fondamentaux qui
sont répartis uniformément à travers la masse
entière de l'espèce, comme les organes et les tissus mêmes, comme le sang, la matière cérébrale
et les os. Sans doute, quelques-uns ont plus de
cela, mais tous ont quelque chose. Quel dommage
que l'expérience soit impossible ! Mais, théorique-
ment, je puis me l'imaginer. Qu'on prenne un
certain nombre d'hommes moyens des plus indifférents, sans culture intellectuelle particulière,
sans connaissances spéciales, des gens qui ne
savent des choses rien de plus que ce qu'on peut
en apprendre en parcourant distraitement des
journaux et en causant dans des brasseries ;
qu'on les fasse jeter par un naufrage sur une île
déserte, livrés à leurs seules ressources ; quelle
sera la destinée de ces Robinsons ? Au début, ils
s'y trouveront plus mal que les sauvages de la mer

australe. Ils n'ont pas appris à faire usage de leurs
dons naturels. Ils ne savent pas qu'on peut man-
ger sans être servi par un garçon, qu'il y a des
denrées alimentaires en dehors des halles, et que,
pour se procurer la quincaillerie nécessaire, il existe
d'autres moyens que de s'adresser au boutiquier.
Mais cela ne durera pas longtemps. Ils parvien-
dront bientôt à se tirer d'affaire. Ils feront bientôt en eux-mêmes des découvertes, puis d'importantes inventions. On découvrira qu'il y avait
à l'état latent, dans l'un un grand talent tech-
nique, dans l'autre un grand talent philosophique,
dans le troisième un grand talent organisateur.
Ils revivront en leur milieu, en une génération
ou deux, toute l'histoire de l'évolution de l'humanité. Tous parmi eux ont vu des machines
à vapeur, nul parmi eux ne sait exactement comment cette machine est construite, et ils arriveront
bientôt à le savoir par leurs propres réflexions, et
à s'en fabriquer une. Tous parmi eux ont entendu
parler de la poudre à canon, et nul ne sait
exactement en quelles proportions sont mélangées
les matières qui la constituent ; ils ne se compo-
seront pas moins bientôt de la poudre utilisable.
Et il en sera de même pour tous les ustensiles,
pour toutes les connaissances et pour toutes les
habiletés. Ces gens que dans leur pays on était

2.

obligé de regarder comme de la canaille la plus
vulgaire, étaient en réalité tous autant de petits
Newton, de petits Watt, Helmholtz, Graham Bell.
Au milieu de notre civilisation, il leur manquait
l'occasion de se développer ; l'île déserte la leur a
offerte. La vie civilisée ne réclamait d'eux que
des bavardages et de l'ânerie et un peu d'argent
comptant. Avec celui-ci ils achetaient ce dont ils
avaient besoin et qu'ils ne pouvaient prendre à
crédit, et quant aux bavardages et à l'ânerie, ils
en fournissaient à satiété. La nécessité exigea d'eux
sérieux, profondeur, facultés inventives, et voyez :
tout cela, ils le fournirent également, et assez
abondamment pour en constituer, dans une capi-
tale européenne, un grand homme. La sagesse
populaire a depuis longtemps remarqué que c'est
dans la guerre et en voyage que l'on apprend le
mieux à connaître les hommes. Pourquoi ? Parce
qu'alors ils ne suivent plus le chemin battu ; parce
que, pour se débrouiller, ils doivent appeler à leur
secours tout l'esprit que pouvait recéler leur être
intime, et parce que, généralement, ils déploient
effectivement sous cette contrainte des qualités
qu'on n'aurait jamais soupçonnées en eux. Je ne
suis pas éloigné de croire qu'il y a en tout homme
sainement développé le germe d'un grand cham-
pion de la civilisation. Il faut seulement le forcer

à le devenir. C'est ainsi que chaque couronne d'arbre peut se transformer en une racine, si l'on place à rebours l'arbre dans la terre, forçant de cette façon les branches feuillues à puiser leur nourriture en plein sol.

Ma réunion mondaine se présentait maintenant à moi sous un tout autre aspect. Je ne voyais plus des sottes et des fats, des égoïstes et des idiots, des gens vulgaires et vaniteux, mais rien que des talents inconnus, des Brutus qui feignent l'idiotie, des grands hommes qui restaureraient toute notre civilisation d'aujourd'hui et celle de demain, si, pour une cause quelconque, elle était détruite. Un profond amour, une profonde admiration pour l'humanité tout entière pénétrèrent dans mon cœur, et l'un et l'autre persistèrent réellement, — jusqu'à ce que je fusse retourné parmi les hommes.

II

SUCCÈS

Quel est le dernier but de l'école, de tout enseignement comme de toute éducation ? Évidemment,
de rendre la vie plus agréable par son approfon-
dissement, son enrichissement et son embellisse-
ment, autrement dit, d'accroître le bien-être de
l'individu et de la société. Il ne peut y avoir à ce
sujet qu'un avis. Les pédagogues, qui définissent
en apparence autrement la tâche de l'école, ne
poussent pas tout simplement jusqu'au dernier
but de celle-ci, mais s'arrêtent en route.

Ainsi, lorsqu'on dit que l'école doit former le
caractère. Que signifie cela, quand on va au fond
de cette phrase ? On ne forme pourtant pas le
caractère pour sa propre beauté ou pour réjouir
l'œil de quelques connaisseurs, comme on coule
et cisèle, par exemple, un buste en bronze,
mais on le forme en vue d'un effet utilitaire.
Un caractère recommandable, c'est-à-dire la fer-
meté dans les résolutions, la ténacité dans les
entreprises, la force inébranlable dans les convic-

tions, la fidélité dans les attachements et l'intrépi-
dité dans les inimitiés nécessaires, est considéré
comme une bonne arme d'attaque et de défense
dans la lutte pour l'existence; on suppose qu'il
facilite la victoire sur les rivaux et les adversaires,
ou, s'il plaît une fois aux dieux de faire triompher
une mauvaise cause et si la bonne doit s'adoucir
l'amertume de la défaite par la pensée de l'applau-
dissement de Caton, laisse cependant au vaincu la
satisfaction qu'il est content de lui-même et fier
précisément des qualités qui ont amené sa défaite.

Ou bien encore, quand on dit que l'école est
appelée à former l'esprit, à fortifier la volonté,
à développer le sens du beau et du bien. Et le
but de tout cela? On forme l'esprit afin qu'il ait
la compréhension des phénomènes de la nature et
de la société, afin qu'il ait la joie de saisir au moins
jusqu'à un certain point l'essence et la cause de
beaucoup de choses, afin qu'il apprenne à éviter
les dangers et à profiter des avantages; on fortifie
la volonté, afin qu'elle écarte de l'individu les
nocivités de tout genre; on développe le sens du
beau et du bien, afin qu'il apporte à la conscience
des impressions de plaisir. A quoi tend tout cela?
Toujours uniquement à rendre l'existence agréable
à l'individu.

Or, l'école, avec son organisation et ses mé-

thodes de travail actuelles, remplit-elle cette
tâche ? Je le nie. Presque tous les hommes tendent à un but unique : le succès extérieur dans le
monde. Sans succès, la vie ne peut avoir pour eux
aucun agrément. Si l'on s'engage à leur rendre
l'existence plus agréable, ils ne comprennent par
ces mots qu'une chose : c'est qu'on veut faciliter
et assurer leur succès. Cette idée ne se réalise-
t-elle pas, ils se sentent vendus et trompés. C'est
la manière de voir de neuf cent quatre-vingt-dix-
neuf individus sur mille. Et peut-être le nombre
de ceux qui demandent à la vie autre chose que
des succès extérieurs, est-il en réalité encore plus
petit que je ne le suppose ici. Mais l'école prépare
à toute autre chose qu'au succès, cette unique source
de bonheur et de contentement d'une immense
majorité. Les idéals de l'école sont complètement différents de ceux de la vie, et leur sont
même opposés. Tout le plan d'enseignement et
d'éducation semble tracé en vue de former des
êtres qui, dans l'engrenage de la réalité, arrivent
bientôt au mépris du monde et des hommes, qui
se réfugient, pleins de dégoût de la lutte pour les
récompenses accordées par l'Etat et par la société,
dans une paisible et chaste contemplation d'eux-
mêmes et dans des rêves sublimes ; qui, en un
mot, doivent abandonner sans lutte aux autres,

aux gens vulgaires, la place au banquet de la vie.
C'est le fond de la chose. C'est comme si l'école
avait été inventée par des gens rusés, qui veulent
s'assurer à eux et à leurs pareils les meilleurs
morceaux, et gâter par avance complètement l'appétit aux bons estomacs neufs dont la faim à venir
pourrait leur préparer des dangers ; c'est comme
si les maîtres voyaient dans les écoliers des rivaux
grandissant à côté d'eux, et cherchaient à les
rendre d'avance inoffensifs, en leur rognant les
ongles, en leur limant les dents, et en éteignant
sous des lunettes bleues l'acuité de leur regard.
L'école prépare à la lutte pour la vie exactement
de la même façon qu'une méthode d'exercice pré-
parerait, par exemple, le soldat à la guerre, si
elle lui enseignait qu'il a des armes pour les laisser à la maison ; qu'il doit prendre garde de
répondre aux coups de fusil de l'ennemi par des
coups de fusil ; qu'il doit laisser à son adversaire
les positions favorables que par extraordinaire il
pourrait néanmoins occuper, et qu'enfin, somme
toute, il est beaucoup plus glorieux d'être battu
que de vaincre. Beaucoup de gens trouveront une
pareille méthode d'exercice absurde ; mais l'ennemi s'en montrera hautement satisfait.

Le succès dont je parle ici peut également être
défini en peu de mots. Il signifie qu'on obtient de

la considération auprès de la majorité. Ce but peut à la vérité être atteint par beaucoup de moyens. On obtient de la considération auprès de la majorité, en ayant beaucoup d'argent ou en faisant semblant d'en avoir, en pouvant présenter son nom précieusement enchâssé comme un joyau dans un écrin de titres ; en produisant sur sa poitrine des effets pleins de couleur, au moyen de rubans et de croix ; en possédant pouvoir et influence ; en parvenant à inculquer à sa ville ou à son pays la conviction que l'on est un homme grand, ou sage, ou savant, ou vertueux. Le contrecoup de la considération sur l'homme considéré est également divers. Il est matériel ou moral, ou les deux à la fois, le plus souvent avec prépondérance de l'un ou de l'autre élément. La foule a la bonne habitude d'exprimer son appréciation sous la forme de versements d'argent comptant. Le médecin en vue a beaucoup de clients et reçoit de majestueux honoraires. L'écrivain en vue écoule ses livres à de nombreuses éditions. Quand on a du succès, on gagnera donc le plus souvent beaucoup d'argent et l'on pourra se procurer tous les agréments que comporte dans cette vallée de larmes l'usage du Mammon. L'un pensera à des faisans et à des truffes ; l'autre à du vin de champagne et à du Johannisberg ; le troisième à des

rats de l'Opéra, et quelque drôle de corps peut-
être même à l'assistance de pauvres honteux.
Mais nous n'avons pas besoin de relever les sen-
tiers compliqués des penchants individuels. Les
avantages non matériels du succès sont d'autre
sorte ; toutefois, bien que, suivant l'expression
populaire, on ne puisse rien s'acheter avec cela,
ils ont pour la plupart des hommes une haute
valeur. Étrange contradiction de la nature humaine ! L'épicier estime si peu ces avantages chez
les autres, qu'à cause d'eux il ne livrerait pas à
crédit le moindre cornet de poivre en poudre,
même si celui-ci est falsifié à l'aide de noyaux
d'olives ; mais, lui-même, il fait pour eux les plus
grands sacrifices de temps, de patience, d'ardent
effort, même d'argent, d'excellent et cher argent.
Ces avantages consistent en ce qu'on est salué
dans la rue ; que les journaux vous nomment çà
et là, et, dans les degrés supérieurs, en accompa-
gnant même cette mention d'épithètes flatteuses.
Ils revêtent, dans les différentes classes sociales et
professions, différentes formes. Un mot du souve-
rain ou du prince au bal de la cour ; photographie
étalée aux vitrines ; visite obligatoire de voya-
geurs de trains de plaisir étrangers ; tirage de « ca-
rottes » de la part d'inconnus confiants ; diplôme
de bourgeoisie honoraire ; haute considération

des garçons de la brasserie habituelle ; présenta-
tions de listes de souscriptions à des monuments
de célèbres fabricants de savon ; flatteuses invitations à déjeuner et à dîner dans des maisons dis-
tinguées : voilà quelques exemples des satisfactions
non matérielles, mais profondément désirées, que
le capital succès produit comme rente. Si je range
les invitations parmi les avantages non matériels
de la considération, ce n'est pas par erreur, mais
de propos délibéré. L'essentiel en elles, en effet, ce
ne sont pas les mets offerts, c'est l'honneur témoi-
gné. Les mets n'ont qu'un sens symbolique et veulent en outre être payés à leur pleine valeur large-
ment estimée par des cadeaux de Noël ou de nouvelle année ; mais l'honneur est pur gain, et seules
les natures basses en font moins cas que du menu.

Voyons maintenant si l'école arme la jeunesse
pour la lutte en vue du succès, et lui enseigne
même seulement les premiers éléments de l'art de
se procurer les satisfactions matérielles et idéales
énumérées. Contre l'école primaire il n'y a pas
grand'chose à dire, concédons-le immédiatement.
A l'âge où les enfants la fréquentent, on ne peut
entreprendre avec eux encore rien de sérieux, car
les talents avec lesquels on fait son chemin dans
le monde présupposent un certain développement
d'intelligence et quelque maturité.

L'école primaire enseigne aux enfants la lecture,
l'écriture et le calcul, et cela ne peut qu'être utile,
surtout ce dernier. Savoir calculer est un grand
avantage dans l'acte de donner, quoiqu'un moins
grand dans celui de recevoir, et la lecture et l'écriture sont aussi d'ordinaire profitables, pourvu que
l'on sache sagement se borner et que l'on n'abuse,
pas de ces arts-là. On peut également accepter
en partie l'Université, car les associations d'étudiants fournissent l'occasion de développer cu
d'acquérir quelques talents importants, celui,
par exemple, d'attirer sur soi l'attention de ses
égaux et de ses supérieurs en parlant haut et en
s'agitant beaucoup, ou de deviner les courants
régnants et de se laisser porter par eux, ou de
faire la cour aux gens influents ; un examen atten-
tif de la situation des adjoints, agrégés et professeurs, amènera également l'étudiant bien doué à
certaines notions qui peuvent être d'une grande
valeur pour la vie. Malheureusement, les Universités n'attachent pourtant pas l'importance principale aux associations d'étudiants et ne se bornent
pas à agir en éducatrices par l'exemple des carrières académiques ; elles molestent aussi la jeunesse avec leurs leçons et leurs exercices, leurs
salles de cours et leurs laboratoires, et cela me
semble d'une utilité fort douteuse pour l'avance-

ment des étudiants. Le lycée enfin ne vaut pas un
fétu. Il ne rend aucun service au citoyen futur
qu'on lui confie. Au contraire, il le fait plutôt
encore plus malhabile à la lutte pour le succès. Il
signifie un affligeant gaspillage de belles années.
Je demande à quoi peut servir au jeune homme
d'être nourri d'Horace et d'Homère. Cela lui faci-
litera-t-il plus tard la compréhension de la poésie
des culs de bouteilles ou des tas d'ordures ? Ou
quel avantage tirera-t-il de s'être enthousiasmé
pour l'Iphigénie ? Cela le mettra-t-il à même de
disserter spirituellement sur la « Cavalleria rusti-
cana » ? On cherche à lui apprendre, comme dernier extrait de l'histoire, cette phrase-ci : *Pro
patria mori*. Ces mots sonores peuvent-ils donner une instruction pour les adresses de dévouement présentées au chancelier de l'empire ? Bref,
l'étudiant, à l'âge où son esprit est le plus souple,
n'apprend rien de ce qui pourra lui être utile plus
tard, et il ne pourra rien utiliser de ce qu'il
apprend.

Il y a là dans notre vie intellectuelle une regret-
table lacune qui, véritablement, ne devrait pas
exister plus longtemps. Je rêve une école qui pré-
parerait expressément rien qu'au succès, et ne
feindrait pas de servir je ne sais quels idéals
abstraits. Sans doute, il y a actuellement aussi

des gens qui parviennent au succès sans une école
préparatoire pareille ; cela ne prouve rien contre
la justesse de mon idée. Aux temps sombres de la
barbarie il y a eu aussi, dans des pays qui ne pos-
sédaient pas d'écoles, isolément et exceptionnelle-
ment, des savants qui acquéraient leur savoir sans
enseignement ni secours étranger, uniquement
par leur propre application. Mais combien pénible
est cette étude solitaire ! Que de temps on y perd
sans nécessité ni profit ! A quelles erreurs n'est-on
pas exposé ! Combien incomplet et limité est le
résultat même dans le cas le plus favorable ! Un
maître, au contraire, aplanit la voie ; une tradi-
tion scolaire préserve contre les fourvoiements et
les lubies. Les gens qui ont forcé auto-didactique-
ment le succès constateront avec regret, une fois
arrivés au but et embrassant de la hauteur la
route parcourue, combien de détours, combien
de grimpades pénibles, combien de passages
éreintants à travers sablonnières et marais, leur
aurait épargnés un guide expérimenté ou une
légère connaissance des lieux.

Etablissons tout de suite ce point : mon école du
succès n'aurait pas de classes de filles. La femme
a l'heureuse chance de n'avoir pas besoin de
leçons en cette science. La nature l'a armée de
toutes les connaissances nécessaires pour arriver

au succès dans la vie, et les petits arts qu'elle ne
posséderait pas déjà à l'état inné, elle les apprend
plus tard toute seule. Dans l'ordre social actuel,
le plus grand nombre des femmes n'aspirent qu'à
une forme de succès : elles veulent plaire à l'homme.
Pour atteindre ce but, il leur suffit d'être jolies ou
de se faire remarquer. Des esprits à l'envers ont
eu le malheureux caprice de créer des écoles supérieures de jeunes filles. On y apprend aux pauvres
créatures à dessiner, à tapoter du piano, à écorcher avec un accent risible des langues étrangères
et à confondre les dates historiques, c'est-à-dire
précisément ce qui, plus tard, les rendra pour les
hommes un objet d'horreur. Le plan de ces écoles
ne peut avoir surgi que dans la cervelle de vieilles
filles aigries ou de penards rancuniers avides de
se venger des coups que leur ont distribués leurs
aimables moitiés. Il témoigne d'une complète
méconnaissance du but de la vie féminine. Les
Orientaux, dans leur antique sagesse héréditaire,
comprennent la chose d'une façon infiniment plus
raisonnable. Chez eux, la jeune fille n'apprend
nulle autre chose qu'à chanter, danser, jouer du
luth, narrer des contes, se teindre les ongles avec
du henné et les paupières avec du khol, c'est-à-
dire les talents qui la rendent désirable pour
l'homme, qui lui offrent l'occasion d'exhiber ses

charmes sous un jour favorable, qui enflammeront
et enchaîneront durablement à elle le compagnon
mâle de sa vie. Nos pauvres jeunes filles de l'Occi-
dent sont artificiellement empêchées, par la
méthode d'éducation régnante, de s'abandonner à
leur instinct, qui les seconde plus sûrement que
tous les professeurs à lunettes et sans lunettes dans
leurs institutions. Ce n'est que quand elles ont
complètement fini avec la sotte corvée de l'école,
qu'elles peuvent obéir librement à leur impulsion
naturelle et se développer conformément au but.
Alors elles acquièrent d'elles-mêmes l'art de se
farder, ou tout au moins de s'arranger avec la
poudre de riz, de porter des vêtements provocants,
de marcher, de se tenir debout, de s'asseoir de
telle façon, que le côté choquant de la forme de
leur habillement apparaît avec un relief particulier ; alors elles arrivent d'elles-mêmes à jouer
expressivement de l'éventail, à promener un œil
sollicitant la conquête, à faire de petites mines,
d'aimables gestes, une petite bouche en cœur, et
à donner à leur voix les inflexions charmeuses de
l'innocence enfantine, de l'espièglerie juvénile et
de l'ingénuité piquante. Avec ces moyens, elles
sont assurées de réunir autour d'elles, partout où
elles paraissent, un troupeau d'admirateurs, de
trouver des danseurs, des adorateurs, un mari et

le reste ; bref, d'obtenir tout ce qui rend la vie belle et agréable. Les femmes, il est vrai, fronceront les narines à leur sujet, et elles produiront également sur les hommes d'une pâte quelque peu supérieure un effet plutôt fâcheux ; ceux-ci trouveront que la graisse, les couleurs, la poussière de farine et les saletés de toute espèce ne sont pas plus à leur place sur un visage féminin, que, par exemple, sur une robe de velours ; que les renflements des épaules et les tournures sanglées font paraître la femme bossue et phtisique ou hottentote, et que la coquetterie et les minauderies défigurent jusqu'à la rendre insupportable, même la plus jolie créature ; mais qu'importent à la femme ces jugements ? De son propre sexe elle n'attend aucune bienveillance, et celle-ci, d'ailleurs, ne lui servirait de rien ; et quant aux critiques du sexe masculin, il lui est hautement indifférent qu'un cuistre lui tourne le dos d'un air improbateur, pourvu que les jeunes messieurs du Jockey-Club braquent complaisamment leur monocle sur elle. Il est impossible qu'elle arrange son être et sa conduite en vue de l'homme de goût. Celui-ci est un phénix. Beaucoup de femmes vivent et meurent sans l'avoir jamais rencontré. Ce n'est que dans le conte que le chevalier vient délivrer la Belle au bois dormant ; dans la réalité, il ne faut pas

compter sur ce héros, et celle qui reste cachée
derrière la haie de ronces a toute chance d'y être
oubliée. La femme fait donc preuve d'une grande
sagesse, en cherchant à plaire à la foule et non à
l'introuvable phénix.

Mais si la femme peut se passer en général de
la préparation théorique au succès, l'homme n'est
pas habituellement si bien partagé. Il doit, pour
faire son chemin dans le monde, plaire aux personnes de son propre sexe, et cela n'est pas si
simple que de produire une bonne impression sur
celles du sexe opposé. Sans doute, dans quelques
carrières, l'homme jouit des mêmes avantages que
la femme ; il peut agir avec sa personnalité et n'a
besoin que de plaire aux femmes ; par exemple,
comme jeune premier, comme ténor, ou comme
vendeur dans un magasin de nouveautés. Les
hommes de cette classe n'ont pas besoin d'une
école du succès. Quand la nature les a traités
maternellement, ils font leur chemin sans aucune
théorie, comme à la vapeur. Le meilleur enseignement ne peut, malheureusement, donner une
petite moustache gracieusement frisée, et si l'on
peut imprimer à une tête un charme particulier
par une coiffure artistique, il faut pourtant que le
coiffeur ait à sa disposition assez de mèches pour
s'acquitter avec succès de son sacerdoce. Un Apol-

lon du Belvédère en chair et en os, ou même simplement un des guerriers valides qui ornent le Schlossbrücke, à Berlin, n'a pas à s'inquiéter de sa prospérité dans le monde. Simple soldat, il passera bientôt de la cuisine à la chambre des maîtres ; laquais ou cocher, on se le disputera ; garçon d'hôtel, il fera la fortune de l'établissement et la sienne ; figurant ou choriste, il pourra choisir parmi les filles et peut-être même un peu parmi les mères du pays ; il fera mieux, il est vrai, pour s'épargner des déceptions toujours désagréables, de ne pas aspirer d'emblée au bâton de maréchal et à un duché, parce que, de nos jours, il n'y a plus de Catherines assises sur les trônes un peu respectables de l'Europe ; mais une ambition mesurée et sage est certaine, dans nos suppositions, d'obtenir satisfaction. Pareil favori des femmes ne ferait que se nuire à lui-même, si à ses avantages physiques il voulait encore en ajouter d'intellectuels. Ce serait dommage si, par des lectures intempestives, il ternissait l'éclat de ses yeux. L'instruction et l'esprit pourraient intimider ses admiratrices, et leur imposer une gêne qui leur rendrait plus difficile de jouir sans réserve de sa plastique. Être beau comme un dieu de la Grèce et bête comme une carpe : cela vous donne le paradis de Mahomet sur la terre, avec les houris et tout ce qu'il faut pour le compléter orthodoxement. Des individus ainsi dotés n'ont pas plus besoin d'une école que n'en a besoin un génie.

Le génie est cependant la rare exception, et les institutions humaines sont faites à la mesure moyenne. Beethoven devient sans conservatoire ce qu'il doit devenir ; mais les fils de chantres du commun doivent être astreints à piocher le contrepoint, afin de parvenir plus tard à une place de chef d'orchestre, avec droit à la retraite. Laissons donc de côté toutes les catégories de phénomènes exceptionnels : les Apollons, les hauts aristocrates pourvus d'un revenu sérieux, les fils de millionnaires ; ceux-ci n'ont pas à courir après le succès, le succès court après eux. Mon école du succès est seulement destinée à la masse misérable née sans titres et sans rentes, et qui n'en rêve pas moins de larges impôts sur le revenu et des décorations. Or, les médiocres entreprendraient avec des chances beaucoup meilleures la lutte pour l'existence, si on les dressait systématiquement à se débrouiller dans la bousculade de la réalité.

Si l'école du succès existait, le directeur de celle-ci devrait aiguiser en toute franchise par ce petit discours la conscience de chaque père qui voudrait lui confier un enfant : « Cher monsieur, sachez clairement avant tout ce que vous voulez.

Si votre fils est destiné à passer sa vie dans un
monde idéal où le mérite seul reçoit des couronnes,
où la vertu modeste est recherchée et récompen-
sée dans son coin, où la sottise, la vanité, la mé-
chanceté sont inconnues, et où le bien et le beau
dominent avec toute puissance ; ou si vous croyez
que votre fils placera toujours l'estime de soi-
même au-dessus des applaudissements de la foule,
écoutera seulement sa conscience et nullement
l'avis de la populace, se contentera de faire son
devoir et d'être loué par son juge intérieur, —
alors il n'a rien à chercher chez moi. Alors vous
ferez mieux de l'envoyer dans n'importe quelle
autre école et de le faire élever d'après la routine.
Alors, qu'il lise les poètes anciens et modernes,
qu'il s'amuse avec les sciences et qu'il jure par la
parole du maître. Mais si vous voulez que votre
fils devienne un homme qu'on salue dans la rue,
qui voyage en wagon-salon et descende dans les
hôtels de premier ordre ; si vous voulez qu'il ait
de l'argent et de l'influence et puisse mépriser les
obscurs meurt-de-faim, alors laissez-le-moi. Qu'il
ait un jour sa place dans Plutarque, je ne le garantis pas ; ce que je garantis, c'est que vous le trou-
verez un jour en bonne place dans l'annuaire. »

L'école du succès devrait avoir naturellement,
tout comme l'école du savoir abstrait, différentes

divisions, basses et hautes. De même que chaque
élève n'aspire pas à la discipline intellectuelle de
l'Université et à une chaire de professeur, ainsi
chaque ambitieux ne prétend pas devenir ministre ou milliardaire. Beaucoup se contentent de
viser un but plus modeste et n'ont besoin en conséquence que d'une instruction élémentaire. Une
division en école primaire, secondaire et supérieure, serait donc justifiée et nécessaire. L'école
primaire serait destinée à ceux qui se consacrent
aux vocations ordinaires, métiers, commerce, etc.
On devrait leur enseigner un unique principe,
celui qu'a trouvé depuis longtemps la sagesse populaire, à savoir que « l'honnêteté est la plus
habile politique ». Cela paraît peu machiavélique,
mais il n'y a rien à faire : la force des choses veut
que dans les humbles professions on ne saurait se
recommander mieux que par l'application et le
scrupule. Le cordonnier qui fait de bonnes chaus-
sures valant leur prix, l'épicier qui sous le nom de
sucre vend réellement du sucre et non du sable,
feront leur petit chemin modeste dans le monde
et seront heureux, si, au lieu de vouloir monter
plus haut, ils se contentent de la bienveillance de
leurs clients, et, à leur repas, d'un plat de viande
avec des légumes.

La même sagesse populaire est aussi d'avis, il

est vrai, que faire de l'esbrouffe est indispensable
dans le métier ; mais, en réfléchissant bien, il con-
vient de mettre en garde contre cette manière de
voir. Celui-ci s'exerce dans des conditions trop
simples pour que le charlatanisme puisse se recommander. Le niais lui-même a bien vite percé à
jour mensonges, blagues et gasconnades, et devient défiant. Dans ces carrières, le succès est véritablement le prix de la capacité, parce que chacun
est apte à la juger. Chacun voit si une redingote
est trop étroite ou trop large ; si le bois de lit
n'est pas résistant, un esprit obtus le remarque
aussi, et ce n'est que dans certaines classes de la
société saxonne que la chicorée mêlée au café ne
choquera personne.

Il en est autrement dans les professions supérieures. Celui qui les choisit a besoin d'une plus
longue et plus soigneuse préparation au succès,
qui pourrait lui être donnée dans l'ecole secondaire et supérieure. Il s'agirait ici d'imprimer à
l'élève quelques principes fondamentaux s'écartant
complètement de ceux auxquels la méthode ordinaire d'éducation cherche à faire croire. Les
adages de la bouche populaire mériteraient une
sérieuse attention, car ils renferment souvent une
grande part de vérité. Voici, par exemple, ce sage
avis : « La modestie est un ornement, mais on va

plus loin sans elle. » C'est là une maxime dorée
qui ne saurait assez être prise en considération.
En fait, le succès dans le monde n'a pas de plus
grand et de plus dangereux obstacle que la modestie. Ayez le plus grand mérite, soyez admira-
blement doué, accomplissez ce qu'il y a de plus
difficile et de plus utile : si vous êtes modeste,
vous ne verrez jamais la récompense de votre travail. Peut-être vous élèvera-t-on un jour un mo-
nument sur votre tombeau, ce qui d'ailleurs n'est
pas sûr ; mais de votre vivant vous n'aurez ni argent
ni honneurs. Être modeste, c'est rester près de la
porte et abandonner aux autres les premières
places ; c'est s'avancer en hésitant vers la table,
quand les autres sont rassasiés ; c'est attendre
qu'on vous offre le morceau, au lieu de le demander, de l'exiger, de vous colleter pour lui. Celui
qui prend cette attitude stupide peut être sûr
qu'on le laissera à la porte, qu'il trouvera la table
desservie, que personne ne lui offrira le morceau.
« Évitez soigneusement le manque de goût de parler de vous-même. » Quelle absurdité ! C'est le contraire qui est juste. Parlez toujours, parlez exclusivement, parlez systématiquement de vous. Ne
vous inquiétez nullement si cela n'amuse pas les
autres. D'abord, cela vous intéresse, vous. Puis
vous empêchez que pendant le temps où vous

avez la parole, on parle d'un autre, peut-être d'un
rival. Enfin il reste toujours, même dans la mémoire
la plus récalcitrante, quelque chose de ce que
vous dites. Naturellement, vous aurez la sagesse
élémentaire de ne dire de vous que du bien. Ne
vous imposez sous ce rapport aucune gêne,
aucune contrainte. Vantez-vous, louez-vous, célé-
brez-vous, soyez éloquent, enthousiaste, inépuisable. Appliquez-vous les plus magnifiques épithètes, élevez au septième ciel ce que vous faites,
avez fait ou comptez faire, éclairez-le amoureuse-
ment de tous les côtés, imaginez-lui des vertus
spéciales, déclarez-le l'exploit le plus important du
siècle, assurez que tout le monde l'admire, répé-
tez au besoin à son sujet des jugements flatteurs
que vous auriez entendus ou que vous pourriez
inventer sans fausse pudeur. Vous verrez combien
ce système vous mènera loin. Les sages riront de
vous, en seront indignés. Que vous importe ? Les
sages constituent une infime minorité, et ce ne
sont pas eux qui distribuent les récompenses de
la vie. Vos rivaux vous blâmeront également.
Tant mieux ! Vous les préviendrez, déclarerez
qu'ils parlent ainsi par envie, et citerez celle-ci
comme une nouvelle preuve de votre grandeur.
Mais l'immense majorité, précisément la foule qui
fait le succès, vous croira, répétera votre jugement

sur vous-même, et vous accordera la place que vous aurez usurpée. Cet effet vous est assuré par la lâcheté et la torpeur d'esprit de la foule. Sa lâcheté fait qu'elle n'ose pas vous contredire, vous remettre, comme on dit, à votre place. On vous acceptera comme vous êtes, on admettra votre immodestie comme une simple particularité, on la remarquera peut-être incidemment, mais on ne s'y arrêtera pas. Si l'on vous invite quelque part, la maîtresse de maison dira : « Ce monsieur élève des prétentions extraordinaires. On ne peut assez s'occuper de lui, lui témoigner assez d'honneurs. Que faire? Il faut que je le place à ma droite, autrement il est capable de prendre la mouche et de s'en aller. » Y a-t-il là un modeste homme de mérite auquel cette place appartiendrait de droit, on lui dit tout tranquillement : « N'est-ce pas? cela ne vous fait rien, que je place ce monsieur avant vous ? Vous êtes au-dessus de telles mesquineries, » — et vous avez définitivement conquis la première place, vous avez habitué les gens à vous l'accorder, et au bout de quelque temps il ne viendra même plus à l'idée de personne qu'il pourrait en être autrement. La torpeur d'esprit de la foule est la seconde garantie de l'utilité de votre outrecuidance. Bien peu de gens ont la capacité ou du moins l'habitude de distiller un

jugement de la matière première des faits, c'est-
à-dire de recevoir des impressions, d'observer
exactement les expériences, de les comparer, interpréter, élaborer intellectuellement, et de parvenir à leur sujet à des vues personnelles solidement
fondées ; tous, par contre, peuvent répéter un
mot dit devant eux. Voilà pourquoi les jugements
tout faits des autres sont acceptés par la foule
avec joie et conviction. Cela ne fait rien, si ces
jugements sont complètement faux, s'ils contredisent les faits de la façon la plus criante. Pour
remarquer cette contradiction, il faudrait que la
foule pût examiner et utiliser logiquement les faits
eux-mêmes, ce dont elle est précisément incapable.

J'en ai vu récemment un exemple curieux.
J'avais prescrit à un petit enfant de l'hydromel à
prendre à des intervalles, par cuillerées à café.
Une demi-heure après ma visite au petit malade,
sa mère envahit comme une bombe mon cabinet
et cria hors d'haleine dès ma porte : « Docteur,
ah ! docteur, l'enfant meurt ! A peine avait-il porté
à ses lèvres quelques gouttes de la médecine infer-
nale, qu'il devint tout noir, commença à tousser
furieusement et menaça de s'étouffer. Ah ! quel
remède avez-vous donc donné là au malheureux
petit ? » Je compris immédiatement que l'enfant

avait avalé de travers, mais n'en répondis pas
moins d'un air sombre : « Oui, cela ne m'étonne
pas. Quand on recourt à un aussi héroïque remède
que l'hydromel, il se produit de ces effets-là. » La
dame tordit ses mains et reprit : « Mais comment
peut-on aussi recourir à un aussi héroïque remède?... »—« Savez-vous en quoi consiste l'hydromel ? », interrompis-je. « Non. » « C'est un mélange de miel et d'eau. » Son visage exprima une
horreur aussi vive que si j'avais dit : « d'acide sulfurique et de mort aux rats » — « Vous comprenez,
poursuivis-je ; quand on administre d'aussi violentes matières que de l'eau et du miel... »—« C'est
vrai, » soupira-t-elle, et son visage exprimait la
douleur et d'amers reproches.

Comme cette dame, la foule prend à la lettre tout
ce qu'on lui dit et le répète crédulement, sans distinguer la vérité du mensonge, le sérieux de la rail-
lerie. A cela des peuples entiers doivent leur réputation et leur rang dans le monde. Ils ont en réalité
toutes les qualités mauvaises et basses, mais ils
assurent qu'ils possèdent les plus sublimes et les plus
nobles. Ils sont envieux et se prétendent généreux,
ils sont égoïstes et se disent désintéressés, ils haïs-
sent et méprisent tous les peuples étrangers, et se
vantent d'aimer fraternellement tous les hommes ;
ils se cabrent contre tout progrès, et affirment

être le four d'incubation où éclôt toute nouvelle idée ; ils sont arriérés dans tous les domaines, et répètent constamment qu'ils tiennent partout la tête ; leurs mains enchaînent et oppriment les populations plus faibles, leur volent leurs libertés, violent la fidélité aux traités, tandis que leur bouche proclame au même moment les plus beaux principes de justice. Et le monde, au lieu de prendre la peine de voir les faits, n'entend que les paroles et les répète crédulement. Il ne remarque pas que les mains contredisent les lèvres ; et il est convaincu que ces peuples-là sont réellement tout ce pour quoi ils se donnent.

Donc, pas de modestie, mon garçon, si vous voulez faire figure dans le monde. Humiliez-vous vous-même, et les autres vous humilieront. Laissez prendre le pas à un autre, et la galerie sera convaincue que le pas lui appartient. Parlez de votre indignité, dites que vos travaux sont insignifiants, vos mérites surfaits, et les auditeurs n'auront rien de plus pressé que de répandre votre jugement sur vous-même, sans en citer l'auteur. Bien entendu, je ne dis pas que la modestie est réprouvable dans toutes les circonstances. Il vient un moment où l'on peut l'arborer sans danger, et même avec avantage. C'est lorsqu'on a atteint complètement le but. Êtes-vous enfin dans une

situation reconnue et incontestablement de premier ordre, votre rang est-il si sûrement défini que
personne ne puisse être en doute sur la place qui
vous revient, alors vous pouvez jouer le modeste.
Restez alors à la porte, on vous traînera néanmoins en triomphe sur la scène ; déclinez en toute
assurance les compliments, on vous les renou-
vellera avec élan et empressement ; parlez sans
crainte de votre humble personne, vos décorations sur la poitrine et votre habit brodé vous
donneront un démenti suffisant. Vous ne vous
porterez pas préjudice, et aurez de plus l'avantage
que l'on sera touché et ravi de votre vertu.

Vous avez maintenant appris que « paraître »
est beaucoup plus important qu' « être ». Buvez
autant de vin que vous voulez, mais prêchez l'eau.
Cela est édifiant, alors même que votre nez flam-
boie comme un feu-follet inquiétant et que vos
jambes ne peuvent vous porter. Et quand même,
tandis que vous déclamez l'hymne de Pindare à
la louange de l'eau, vos lèvres trembleraient d'al-
coolisme chronique, ne craignez rien. Vos auditeurs prendront ce tremblement pour de l'émotion, et éprouveront pour vous un double respect.

Un autre dogme fondamental est celui-ci : Gardez-vous d'être bienveillant. Avec cela vous
n'arriverez à rien. Vos rivaux vous mépriseront.

vos ennemis vous railleront, vos protecteurs vous
trouveront ennuyeux. Personne n'aura d'égards
pour vous, car on dira : « Ah ! un tel, il est si
bon ! Quand on lui marche sur les pieds, il vous
demande pardon avec un sourire obligeant! » Des
conseillers à courte vue et niais vous souffleront
peut-être qu'il est d'une habile politique de dire
du bien de tout le monde, pour désarmer par là
les adversaires possibles. Ne vous imaginez pas
cela. C'est le contraire qui est vrai. Comme on n'a
pas à craindre que vous répondiez aux coups, on
tirera d'autant plus joyeusement sur vous. Il vous
faut être méchant comme une sorcière et avoir
une langue venimeuse comme un serpent. Votre
parole doit être de l'acide sulfurique et laisser un
vilain trou là où elle tombe. Un nom qui est passé
par votre bouche doit avoir l'air d'être resté toute
une semaine enfermé dans un ballon de vitriol.
Faites-vous craindre, et ne vous préoccupez pas
de vous faire en même temps haïr. Les lâches qui,
ainsi que nous l'avons déjà expliqué, forment la
grande majorité, vous traiteront comme les populations sauvages traitent un fétiche malfaisant :
ils vous flatteront et vous offriront des sacrifices,
pour vous maintenir en bonne humeur ; les autres,
il est vrai, vous paieront peut-être en monnaie
identique ; mais voyez votre avantage, si aux re-

marques hostiles d'un de ceux que vous aurez calomniés, vous pouvez répondre en haussant les épaules : « Le pauvre homme cherche à se venger. Vous savez ce que j'ai toujours pensé et dit de lui! » Chaque jugement défavorable sur votre compte a perdu sa valeur aux yeux de la foule, si vous avez eu l'habileté de dire toujours et partout à l'avance du mal de celui qui vous critique, car alors vous pouvez présenter ce jugement comme une tentative de représailles.

Un préjugé très répandu, qui émane évidemment d'idéalistes peu pratiques, veut qu'on se préoccupe particulièrement de la bonne opinion et de l'estime de ses pairs. Gardez-vous bien de croire à la justesse de cette thèse. Vos émules sont vos rivaux. Leur grande majorité veut, comme vous, le succès et rien que le succès, et leur place est diminuée de toute la largeur de la vôtre. N'attendez d'eux ni justice ni bienveillance. Ils exagèrent et colportent vos défauts, taisent sagement vos qualités. Vous avez à vous occuper seulement de deux espèces d'hommes : la grande masse au-dessous de vous, et les quelques personnes influentes qui détiennent entre leurs mains les honneurs, les places, en un mot votre avancement. Vous devez vous adapter aux lois d'une double optique, et apprendre à vous tenir de façon

à paraître très grand, vu d'en bas, et très petit,
vu d'en haut. Cela n'est pas très facile, mais avec
de la pratique et quelque aptitude naturelle, on
acquiert cette habileté. La foule doit croire que
vous êtes un génie d'une envergure extraordinaire,
tandis que les chefs ou grands-prêtres de votre
état doivent vous tenir au contraire pour une médiocrité laborieuse et de bonne volonté, qui jure
par les paroles des maitres, répand avec zèle leur
gloire, et mourrait plutôt que de tenter d'obscurcir
celle-ci par une critique ou par ses propres travaux. Si vous vous arrangez de façon à être vu
par les gens au-dessous et au-dessus de vous toujours sous l'angle visuel approprié, alors préoccu-
pez-vous de l'opinion de vos pairs moins que d'un
fétu. Vous faites votre chemin, et c'est là pour vous
l'essentiel. Avez-vous enfin laissé en arrière vos
compétiteurs, êtes-vous enfin en situation de les
servir ou de leur nuire, alors vous me direz des
nouvelles de la rapidité et de l'ensemble avec
lesquels les méchants propos se changeront en
éloges enthousiastes, la réserve froide en brûlante
amitié, le dédain en respectueuse admiration.

A côté des principes philosophiques d'après
lesquels vous devez diriger votre conduite dans le
monde, il ne faut pas, cela va de soi, négliger les
extériorités. Seul l'homme très riche dont les

millions ne peuvent être ignorés par personne, a
le droit de se montrer modeste au point de vue
des dépenses ; mais un homme de ce genre n'a
rien à faire dans mon école du succès. Plus vous
êtes pauvre, plus vous avez besoin de vous montrer
magnifique. Habillez-vous richement, habitez un
appartement somptueux, vivez comme si vous
aviez un majorat à Golconde. Mais cela coûte de
l'argent ? Evidemment ; et même beaucoup. Mais
puisque l'on n'en a pas ? Alors on fait des dettes.
Des dettes ? Mais certainement, mon garçon, des
dettes. Il y a peu d'échelles qui permettent de gravir aussi rapidement et aussi sûrement les hau-
teurs, que les dettes. Il est révoltant de penser
comme elles ont été calomniées et déconsidérées
par les pédants. On s'est montré de la plus grande
injustice à leur égard. On pardonnera au génial
Henri Heine beaucoup d'impertinence et d'irres-
pect, mais jamais ce vers : « Homme, paie tes
dettes ! » Quelle frivolité ! quelle immoralité ! Si
vous suivez ce conseil, vous êtes perdu. Songez
donc à une seule chose : qui se souciera de vous,
si vous payez votre route avec une honnêteté
mesquine et étroite ? Personne ne détournera la
tête vers vous. Allez dans une redingote râpée,
habitez une mansarde, mangez du pain sec, et ne
faites pas de dettes : vous verrez le résultat. Les

chiens aboieront après vous, les sergents de ville vous examineront d'un œil méfiant, les gens convenables fermeront à votre approche leur porte à double tour. L'épicier même dont vous êtes le client cessera de prendre à vous le plus mince intérêt, de l'instant même où vous lui aurez reglé le prix de sa marchandise. Évanouissez-vous par hasard devant sa boutique, et il n'aura qu'une pensée, celle de débarrasser son entrée de cet encombrement. Prenez au contraire tout à crédit, carottez où vous pouvez, et votre situation change comme par un coup de baguette. D'abord vous aurez à votre disposition toutes les jouissances que le pauvre diable doit se refuser. Ensuite, votre aspect préviendra les gens partout en votre faveur. Enfin, vous aurez toute une garde du corps ou suite de collaborateurs ardents, voire fanatiques, de votre succès. Car chaque créancier est un ami, un protecteur, un zélateur. Il ne permet pas qu'on médise de vous. Il se jette au feu pour vous. Jamais un père ne se donnera pour vous autant de peine qu'un créancier. Plus vous lui devez, plus il a d'intérêt à vous voir prospérer. Il veille à ce qu'on ne touche pas à un seul de vos cheveux, car votre vie est son argent. Il tremble quand un danger vous menace, car votre mort serait le tombeau de sa créance. Ayez beaucoup de créanciers, mon garçon, et votre sort est assuré par avance. Ils vous mettront en possession d'une femme riche, d'une grande position, d'une bonne réputation. Le plus incomparable placement de capital, c'est d'employer l'argent des autres à un arrangement ornemental de sa propre existence.

Ce seraient à peu près là les idées conductrices d'après lesquelles devrait être formé le caractère et exercée la conduite des élèves pour le succès. Les disciples les plus mûrs pourraient aussi être initiés à la conception fondamentale sur laquelle repose toute la science de l'éducation dont il s'agit. Elle n'est pas longue à exposer. On peut faire de deux façons son chemin dans le monde : ou par ses propres qualités, ou par les défauts des autres. La première façon est de beaucoup la plus difficile et la plus incertaine, car elle présuppose avant tout qu'on possède des qualités, ce qui n'est pas le cas de tout le monde ; puis elle est liée à cette condition, que ces qualités soient remarquées et appréciées en temps opportun et comme il faut, ce qui, l'expérience l'apprend, n'arrive presque jamais. La spéculation sur les défauts des autres, par contre, réussit toujours. Le maître serait en conséquence autorisé à dire à son élève : Ne vous donnez aucune peine pour accomplir des choses extraordinaires et laissez parler votre travail pour

vous ; la voix de celui-ci est faible et est étouffée
sous les cris de la médiocrité jalouse ; son langage
est étranger et n'est pas compris par la foule igno-
rante ; seuls les esprits les plus élevés et les plus
désintéressés seront attentifs à vos travaux et les
reconnaîtront, mais eux aussi feront difficilement
quelque chose pour vous, si vous ne poussez pas
votre personne sous leur vue.

Au lieu donc de perdre votre temps à un labeur
consciencieux et sévère, employez-le à étudier
les défauts de la foule et à en tirer profit. La foule
n'a aucun jugement, imposez-lui-en donc un ; la
foule est superficielle et étourdie, gardez-vous donc
d'être profond et de la contraindre à un travail
intellectuel ; la foule est obtuse, faites donc votre
entrée d'une façon si bruyante, que même les
oreilles dures vous entendent et les yeux myopes
vous voient ; la foule ne comprend pas l'ironie et
prend tout à la lettre, dites donc explicitement et
dans les termes les plus clairs du mal de vos
rivaux et du bien de vous-même ; la foule n'a pas
de mémoire, utilisez donc sans scrupules tout
chemin qui peut vous conduire au but ; une fois
que vous y serez parvenu, personne ne se rap-
pellera comment vous êtes arrivé. Avec ces principes vous deviendrez riche et grand, et vous
serez heureux sur la terre.

Pourvu qu'aucun élève initié par moi aux secrets
du succès n'ait l'idée impertinente de me demander : « Puisque vous savez si exactement ce qu'on
doit faire, vous êtes sans doute allé vous-même
très loin? » Cela m'embarrasserait. Je ne pourrais
que répondre : J'en ai vu d'autres arriver au succès, et cela m'a suffi. Quand on voit dans la cuisine manigancer les sauces, on perd l'appétit.
Mais on est toujours en droit de le souhaiter aux
autres[1].

(1) Il est arrivé cette chose incroyable, que plusieurs
critiques allemands ont vu dans ce chapitre une exposi-
tion sérieuse de mes principes d'éducation, et ont ex-
primé au sujet de leur immoralité l'indignation la plus
édifiante. Quel dommage que je n'aie pu me procurer
la photographie de ces sages Thébains! J'aurais si
volontiers offert aux lecteurs de ce livre l'occasion de
connaître au moins en image les traits de ces fabuleux
contemporains.

III

SUGGESTION

Le progrès humain, la marche en avant de
l'humanité ne se produisent pas en large front,
avec les officiers à leurs places réglementaires.
Une minorité exiguë de pionniers s'avance isolément, pénètre dans les taillis, entaille les arbres,
plante des jalons, et indique la route ; la foule
suit ensuite, d'abord en petits groupes, puis en
masses épaisses. Chaque poussée de l'humanité
est l'œuvre du génie, qui exerce en elle les mêmes
fonctions qu'exercent, dans l'individu, les centres
suprêmes du cerveau. Le génie pense, juge, veut
et agit pour l'humanité ; il élabore les impressions
en aperceptions, il devine les lois dont les phénomènes sont l'expression, il répond aux excitations extérieures par des mouvements rationnels,
et enrichit continuellement le contenu de la conscience. La majorité ne fait autre chose qu'imiter
le génie ; elle répète ce que le génie a fait devant
elle. Les individus parfaitement normaux, bien et
harmonieusement développés, le font immédiate-

ment et atteignent approximativement le modèle.
On les nomme les talents. Les individus restés en
arrière sous tel ou tel rapport, non parvenus à la
mesure moyenne du type humain à une époque
donnée, n'y arrivent que plus tard et plus péni-
blement, et leur imitation n'est ni habile ni fidèle.
Ce sont les philistins (pour ne pas dire les mufles).

Mais de quelle façon le génie agit-il sur la
foule? Comment amène-t-il celle-ci à repenser ses
pensées, à refaire ses actions? On a bien vite fait
cette réponse superficielle : « Exemple! Imitation ! » Avec ces vocables on croit avoir tout dit.
En réalité, ils n'expliquent rien ; ils ne font comprendre ni pourquoi l'homme, et l'animal d'ailleurs aussi est poussé à imiter, ni par quels moyens
un être détermine l'autre à faire travailler ses
centres cérébraux et ses muscles à peu près de la
même façon que lui-même. Voici un homme qui
pense ou fait quelque chose. En voici un autre qui
répète intérieurement la même pensée, extérieu-
rement la même action. Je ne puis m'empêcher
de voir dans la pensée ou l'action de l'un une
cause, dans la pensée ou l'action de l'autre un
effet. Je vois l'exemple et l'imitation ; mais entre
les deux bée une lacune. Je ne vois pas le lien
qui les unit. Je ne vois pas encore le pont sur
l'abîme entre la cause et l'effet. Nous sommes là

à peu près en face de la même difficulté que nous
offre la cinématique ou science du mouvement :
elle établit bien que des mouvements existent,
trouve aussi leurs lois avec une certitude plus ou
moins grande, mais n'a pas encore fait la plus
légère tentative pour expliquer comment le mouvement d'un corps se transmet à un autre, comment l'énergie d'un atome se transporte à un autre
atome à travers l'intervalle non rempli de matière,
et produit son effet sur celui-ci. L'incapacité de
l'esprit humain à se représenter comment la force
ou le mouvement, qui eux-mêmes ne sont rien de
matériel, mais seulement un état de la matière,
peuvent parcourir un espace vide de matière entre
des particules de matière ; cette incapacité est
même la plus forte objection de la raison contre
la théorie atomistique, qui depuis Anaxagore
domine la philosophie et fait le fond de notre
mécanique et de notre chimie actuelles ; c'est elle
qui oblige à l'hypothèse du tout à fait incompré-
hensible éther qui entourerait les atomes, et a de
tout temps, même du nôtre, déterminé quelques-
uns des plus profonds esprits, Descartes, par
exemple, à préférer à la théorie atomistique celle
de l'unité et de la continuité de la matière à travers tout l'espace.

 La psychologie, je crois, résout plus aisément

cette difficulté que la science du mouvement. Elle
peut s'appuyer sur un phénomène connu seulement en ces derniers temps, impliquant une assez
satisfaisante explication du fait empirique que
des êtres humains agissent intellectuellement les
uns sur les autres, que des êtres humains en imi-
tent d'autres. Ce phénomène est la suggestion.

Nous savons que tout mouvement est causé par
la volonté, et que la volonté donne issue à ses
impulsions motrices à la suite d'excitations cons-
cientes du jugement, ou d'excitations automa-
tiques, inconscientes, de nature émotionnelle. Si
maintenant ces excitations qui mettent la volonté
en activité émanent non du propre cerveau, mais
d'un cerveau étranger, si la volonté d'un individu
se fait la servante d'un jugement étranger ou
d'une émotion étrangère et réalise des représentations de mouvement qui ont été élaborées dans
un autre système nerveux central, nous disons
que ses actions ont été suggérées à cet individu,
qu'il est sous l'influence d'une suggestion. Naturellement, on observe le mieux la suggestion
quand elle opère d'une façon pathologiquement
exagérée. C'est le cas dans l'état d'hypnotisme. Un
individu susceptible d'être hypnotisé, c'est-à-dire,
en règle générale, mais pas nécessairement, un
individu hystérique, est mis dans cette condition

étrange et non encore suffisamment expliquée du
système nerveux. Celui qui l'a hypnotisé lui dit
ensuite : « Tu iras demain matin à huit heures,
telle rue, tel numéro, chez M. Durand, et tu le
tueras avec un couteau de cuisine dont tu te seras
muni. » L'individu hypnotisé est réveillé, et s'en
va. Il n'a pas le moindre souvenir de ce qui s'est
passé pendant son état d'inconscience. Il ne connaît pas M. Durand, n'a peut-être non plus jamais
mis le pied dans la rue en question, et n'a notamment jamais fait de mal à une mouche. Le lendemain matin, cependant, il prend un couteau de
cuisine qu'il vole tout bonnement, s'il le faut,
n'importe où ; il se rend dans la rue indiquée,
sonne au coup de huit heures chez M. Durand, et
tuerait celui-ci pour de bon, si M. Durand,
informé de l'expérience, n'avait pas pris ses
mesures de précaution. Alors on s'empare de
l'individu, on le désarme, et on lui demande ce
qu'il voulait. En général il avoue immédiatement
son dessein criminel, parfois il essaie d'abord
de nier et ne confesse qu'après quelque pression. Quand on désire savoir pourquoi il a voulu
commettre ce meurtre, ou bien il dit, s'il est
niais de sa nature : « Ça a dû se faire », ou bien il
se renferme dans un silence obstiné. Si au contraire il a l'esprit éveillé et est intelligent, il

invente les plus étonnantes histoires pour s'expliquer sa conduite à lui-même et aux autres.
M. Durand est alors un vieil ennemi de sa famille.
Il s'est livré à de sourdes menées contre l'individu. Il l'a calomnié, lui a nui dans sa carrière,
etc. Jamais il ne soupçonne que son acte lui a été
inspiré, suggéré par un jugement étranger. Mais
la suggestion n'agit pas seulement d'un jour à
l'autre, on a vu son influence durer jusqu'à six
mois. Un acte suggéré dans l'état hypnotique
subit sa pleine réalisation six mois plus tard, au
jour fixé, sans que dans l'intervalle l'individu en
jeu ait le plus léger soupçon de la suggestion sous
laquelle il était placé. La suggestion n'a pas
besoin d'apparaître dans la forme d'un ordre
déterminé. Une indication suffit. On prend une
mine affligée et l'on dit d'un ton pleurard quelques mots indifférents à l'individu hypnotisé.
Celui-ci tombe aussitôt dans la disposition d'esprit
la plus éplorée, et parle et agit comme on le fait
dans l'abattement le plus profond. On lui dit sans
insister : « Es-tu content d'être soldat ? » et il se
prend immédiatement, même s'il est une femme,
pour un soldat, se met à commander, à faire
l'exercice, peut-être même à sacrer, bref, à faire
tout ce qui est, dans sa pensée, essentiel pour un
soldat. On lui présente un verre d'eau, et on lui

demande : « Comment trouves-tu ce vin ? » L'individu éprouve le goût du vin et est capable, s'il est un connaisseur, d'indiquer le nom et l'année du cru ; si on lui en laisse beaucoup boire, il devient même complètement ivre. Je pourrais citer cent autres exemples analogues de la suggestion, sur laquelle existe déjà, notamment en France, toute une littérature, et qui a occupé dans ce pays d'aussi éminents observateurs et chercheurs que Charcot, Liébault, Bernheim, Luys, Dumontpallier, Magnin, Voisin, Bérilion, etc.

Dans tous ces cas, il s'agit d'exagération morbide. Chez un être sain, la suggestion ne peut pas apparaître d'une façon aussi crue. Il est impossible de lui faire croire que de l'eau est du vin ou qu'il est cardinal quand en réalité il est commis expéditionnaire, et on l'amènera malaisément à donner par un acte en règle sa fortune à un étranger qu'il ne connaît même pas de nom. Mais que chez lui aussi la suggestion exerce son effet, bien qu'en une mesure plus limitée, que ses représentations et ses actions soient aussi sous l'influence de celle-ci, cela n'est guère douteux.

J'ai voulu expliquer comment un être agit sur un autre être, comment l'un imite les pensées et les actions de l'autre, mais je n'ai jusqu'à présent que substitué un mot à un autre, dit « suggestion »,

au lieu d' « exemple et imitation ». Quelle est
donc l'essence de la suggestion et de quelle façon
se produit-elle ? La réponse que je ferai à cette
question n'est naturellement qu'une hypothèse,
mais elle me semble suffisante et n'a été contre-
dite jusqu'ici par aucun fait observé. La suggestion est la transmission des mouvements moléculaires d'un cerveau à un autre, à la façon dont
une corde sonore transmet ses vibrations à une
corde voisine, dont une barre de fer chauffée, en
contact avec une plus froide, communique à celle-
ci ses propres mouvements moléculaires. Or,
comme toutes les aperceptions, tous les jugements
et émotions sont des processus moteurs des molécules cérébrales, par la transmission des mouvements moléculaires, naturellement, se transmettent aussi tous les jugements, aperceptions et
émotions dont ces mouvements sont le substra-
tum mécanique [1].

Pour rendre ce processus tout à fait clair, je
n'ai plus que quelques courtes explications à

(1) M. Karl du Prel a publié récemment un livre dans
lequel il cherche à expliquer le phénomène de la lecture
des pensées à l'aide d'une hypothèse qui reproduit presque mot pour mot l'explication hypothétique de la suggestion que je viens de donner. Je serais en droit de
parler nettement de plagiat, mais je préfère croire que
mon travail, paru avant le sien, est resté inconnu à cet
écrivain, qui a pourtant lu tant de choses.

ajouter. Notre organisme ne possède qu'un seul moyen de faire percevoir par les sens aux autres aussi les états de sa conscience, c'est-à-dire les jugements, les représentations et les émotions ; et ce moyen, ce sont les mouvements.

Certains états de la conscience causent certains mouvements qui, par conséquent, en sont l'expression. Nous nous habituons à attacher les mouvements aux états de conscience qui les occasionnent, et à conclure de ceux-là à ceux-ci. Un mouvement est une expression ou directe ou symbolique d'un état de conscience. Quand un homme assène à un autre un coup de poing, cette action musculaire est l'expression directe d'un état de conscience qui implique cette représentation :
« Je veux frapper. » Quand, au contraire, on penche la tête en gémissant, ces mouvements des muscles cervicaux et thoraciques sont l'expression symbolique d'un état de conscience que nous pouvons nommer abattement ou tristesse. Les symboles des états de conscience se divisent à leur tour en deux groupes : symboles naturels et symboles conventionnels. Les symboles naturels sont ceux qui sont liés organiquement à des états de conscience déterminés. Ceux-ci ne peuvent exister sans provoquer ceux-là. Le bâillement, le rire, sont des symboles naturels de fatigue et de gaieté.

La constitution de notre organisme a pour conséquence que dans l'état de fatigue, c'est-à-dire
quand le travail a amené dans les tissus une accu-
mulation de produits de désagrégation (l'acide
lactique, par exemple), les centres nerveux qui
s'innervent dans les muscles respiratoires soient
irrités, et occasionnent le spasme de ces muscles,
que nous désignons sous le nom de bâillement.
Comme les grands traits de l'organisme sont les
mêmes dans toute l'humanité, et même en partie
chez tous les êtres vivants, les symboles naturels
restent aussi les mêmes à travers toute l'humanité, sont compris de tous les hommes et même
en partie des animaux supérieurs, et l'expérience
que l'on acquiert en s'observant simplement soi-
même, suffit pour faire comprendre leur signification, pour deviner quel état de conscience les
symboles en question expriment. Les symboles
conventionnels, au contraire, sont ceux qui ne
s'attachent pas organiquement aux états de conscience qu'ils doivent exprimer, ne sont pas provoqués nécessairement par ceux-ci, et n'ont acquis
leur signification qu'en vertu d'une convention des
hommes entre eux. Incliner la tête, faire certain
signe du doigt, ce sont là des symboles conventionnels d'états de conscience qui impliquent ces
représentations : « Je consens », ou, « Viens ici ».

C'est en vertu d'une entente arbitraire que nous
donnons à ces mouvements une telle signification
(qui d'ailleurs n'est pas complètement arbitraire,
car les symboles conventionnels descendent aussi
des symboles naturels, sujet que nous n'avons pas
à développer ici), et ils n'ont pas non plus la
même signification chez tous les peuples. Les
Orientaux, par exemple, n'agitent pas comme
nous, pour affirmer, la tête de haut en bas, mais
de droite à gauche. Le meilleur et le plus important exemple de mouvement symbolique conventionnel est la parole, ce résultat de l'activité musculaire dans les organes de la respiration et du
langage. Pour deviner l'état de conscience dont
l'expression est la parole, il faut avoir appris à
les attacher réciproquement, et l'expérience
acquise par l'observation de soi-même n'y suffit
pas. L'homme le plus intelligent ne soupçonnera
pas, s'il ignore le chinois, que « fou » signifie « béa-
titude ».

Les mouvements moléculaires du cerveau, qui
donnent des états de conscience, provoquent donc
des mouvements musculaires. Ceux-ci sont portés
à la perception dans un autre cerveau par l'aide
de ses sens, tous les sens pouvant remplir cette
fonction. Certains mouvements et les traces lais-
sées par ceux-ci, par exemple l'écriture, s'adres-

sent au sens visuel, d'autres à l'ouïe, d'autres
encore au sens tactile. Le sens reçoit l'impression,
la conduit, excite le processus d'interprétation,
c'est-à-dire détermine un centre à élaborer l'impression en une aperception, et met la conscience
dans le même état dont l'expression était le mouvement musculaire perçu par le sens. En tradui-
sant ce phénomène dans le langage de la mécanique, on peut décrire ainsi le même processus :
les modifications produites dans les nerfs senso-
riels par les phénomènes moteurs provoquent de
leur côté des modifications dans les organes de
perception du cerveau ; ceux-ci, à leur tour, déterminent dans les centres de la conscience des mouvements moléculaires dont la forme (c'est-à-dire
le période) et la force (c'est-à-dire la vitesse et l'amplitude) sont fonction de la qualité et de la quantité
de l'excitation, c'est-à-dire de la forme et de la
force des mouvements moléculaires de l'autre
cerveau qui a causé les mouvements musculaires.
Ainsi, à l'aide des muscles d'une part, des sens
d'autre part, l'état d'un cerveau est transmis mé-
caniquement à un autre, c'est-à-dire que la suggestion est exercée.

Pour qu'un cerveau adopte de la manière
décrite les mouvements moléculaires d'un autre
cerveau, c'est-à-dire répète ses jugements, ses

représentations, ses émotions et ses impulsions volitives, il ne doit pas être lui-même le théâtre de propres mouvements moléculaires d'autre forme et d'égale ou plus grande force, c'est-à-dire qu'il ne doit pas lui-même accomplir un travail intellectuel énergique ; de même une corde vibrante ne peut exciter à reproduire sa propre note qu'une corde au repos ou plus faiblement agitée, et non une corde vibrant plus fortement qu'elle. Plus un cerveau est organiquement insignifiant, et plus facilement il obéit à l'excitation motrice émanant d'un autre cerveau ; plus il est parfait et puissant, plus sont vifs ses propres processus moteurs, et plus il oppose de résistance aux processus moteurs étrangers. Dans des conditions normales, l'individu plus parfait exerce donc une suggestion sur l'individu moins parfait, mais l'inverse ne se produit pas. Sans doute, les processus moteurs de cerveaux moins parfaits peuvent aussi s'additionner, et acquérir par là une telle force, qu'ils l'emportent sur les processus moteurs même d'un cerveau très parfait. Quand de grandes masses humaines éprouvent et expriment la même émotion, les individus d'esprit vigoureux et original ne peuvent eux-mêmes s'y soustraire. Ils sont forcés de partager cette émotion, quelque effort qu'ils fassent pour empêcher

par des représentations et des jugements divergents la production de cet état de conscience.
C'est là le grand phénomène fondamental de la
« psychologie des foules ». Si la suggestion
s'exerce le plus facilement et avec le plus de succès chez les individus hypnotisés, cela s'explique
par ce fait que, dans cet état du système nerveux,
les molécules cérébrales accomplissent la moindre
quantité de mouvement propre et sont dans un
état d'équilibre particulièrement instable, de
sorte qu'elles peuvent par la plus légère excitation être mises en un mouvement conforme à la
qualité et à la quantité de l'excitation.

Les impressions sensorielles par lesquelles la
suggestion est communiquée peuvent être perçues
consciemment, mais il est possible, et même vraisemblable, que dans le cerveau des mouvemen's
moléculaires soient constamment provoqués aussi
par des impressions sensorielles dont on n'est
conscient en aucune façon. La société de recherches
psychologiques de Londres a publié des comptes
rendus d'expériences établissant incontestablement ce fait. Un individu, qui se trouve dans une
chambre avec un autre, dessine sur un tableau
noir des figures que celui-ci s'imagine en pensée.
Remarquez-le bien, l'individu qui dessine tourne le
dos à celui qui pense, celui-ci ne dit pas un mot,

et nulle communication perceptible consciemment
par un sens quelconque n'existe entre les deux.
Dans d'autres expériences, un individu écrivit des
mots, des nombres ou des lettres qu'un autre s'ima-
ginait. Parfois ces expériences réussissent, d'autres
fois elles échouent. En tout cas, la réussite a été si
fréquente, qu'il faut exclure le hasard. La société
en question est sérieuse et se compose d'hommes
d'une honorabilité reconnue et en partie de réputation savante. Elle ne donne pas dans le charlatanisme spirite, et si ses recherches sur l'apparition des esprits ont répandu sur elle un jour un
peu défavorable, on aurait pourtant tort de dédai-
gner aussi pour ce motif ses autres travaux. On
peut d'autant plus facilement admettre la suggestion inconsciente, qu'elle est susceptible d'une
explication satisfaisante par des faits sûrement
établis. Chaque représentation impliquant un
mouvement (et il n'y a pas d'autres représentations, puisque même les plus abstraites se composent en dernière analyse d'images motrices),
provoque réellement ce mouvement, bien que
dans la mesure la plus faible imaginable. Les
muscles qui ont à exécuter le susdit mouvement
reçoivent une toute légère impulsion, et les centres
suprêmes deviennent conscients de celle-ci par
le sens musculaire, qui réagit sur l'impulsion

reçue. Il faut se représenter le processus ainsi : la
mémoire, l'intelligence et le jugement, quand ils
élaborent une représentation, causent une innervation des muscles qui jouent un rôle dans cette
représentation, et celle-ci n'atteint sa pleine inten-
sité que quand le jugement est informé de l'innervation qui a eu lieu. C'est le professeur Stricker, de Vienne, qui, le premier, a exactement
observé et décrit ce fait, uniquement, il est vrai,
au point de vue de la formation des représentations phonétiques. Si, dit le savant physiologiste
expérimental, on pense par exemple la lettre B,
cette représentation amène une innervation des
muscles labiaux qui concourent à la formation de la
consonne B. La représentation « B » est donc en
réalité une image du mouvement des lèvres, qui
produit le B, et le mouvement est aussi perçu dans
les lèvres, naturellement de façon très discrète. Ce
que Stricker dit des mouvements des muscles de
l'appareil du langage, peut s'appliquer aussi aux
mouvements de tous les autres muscles. Quand
apparaît dans la conscience la représentation de
l'acte de courir, on éprouve une sensation motrice
dans les muscles des extrémités inférieures, etc.
Si chaque représentation d'un mouvement n'a pas
pour conséquence immédiate le mouvement lui-
même, cela provient en premier lieu de ce que

5.

l'impulsion que la simple image motrice envoie
dans les muscles correspondants est trop faible
pour causer une contraction efficace de ceux-ci,
et en second lieu de ce que la conscience oppose
une représentation inhibitrice à toutes les images
motrices dont la réalisation n'est pas désirée. La
représentation est-elle très vive ou la conscience
n'a-t-elle pas la force et l'habitude d'élaborer des
représentations inhibitrices d'une suffisante inten-
sité, alors l'image motrice suffit réellement pour
provoquer au moins une esquisse nettement perceptible du mouvement même. C'est là l'explication de cet état pathologique étrange appelé
« myriachit », où le malade est forcé d'imiter
malgré lui tous les mouvements qu'il voit se
produire devant lui. Le mot pensé est murmuré ;
il se produit un monologue ; la série pensée de
mouvements est marquée avec les mains et les
bras ; il y a gesticulation. Monologue et gesticulation, ces particularités des personnes à tempérament très vif ou insuffisamment exercées à
se contrôler, mais qu'on observe aussi chez des
individus de sens rassis et bien élevés, en proie à
des émotions particulièrement fortes, sont des
confirmations observables à tout instant de la justesse et de la généralité de la loi de Stricker sur
les « images motrices ». Mais ce qui, dans le mo-

nologue et la gesticulation, est grossièrement perceptible, cela se passe constamment et dans chaque
représentation en une mesure tout à fait faible,
d'ordinaire non perceptible consciemment avec
nos sens. Le mot que nous pensons, nous le formons réellement avec nos organes du langage ;
le mouvement que nous nous représentons est
exécuté réellement, c'est-à-dire marqué ou esquissé
par nos muscles. Or, comme nous ne pensons
qu'en paroles et en d'autres images motrices, je
puis dire que nous exprimons en vérité toutes
nos pensées même les plus secrètes par le mot et
le geste. En règle générale, il est vrai, ce monologue inconscient, ce jeu inintentionné de gestes
ne sont ni entendus ni vus. Mais ils le seraient
immédiatement, si nous avions des sens assez déli-
cats, ou si nous possédions des instruments à la
façon du microscope et du microphone, qui ren-
draient nettement visibles et perceptibles les plus
petits mouvements des muscles de l'appareil du
langage, des extrémités, du visage, etc.[1]. Or, qui
nous dit que nos sens, ou du moins les sens de
certains individus particulièrement organisés, ne
perçoivent pas ces mouvements minimes ? Sans

[1] Sommer a imaginé un dispositif, incomplet encore,
mais plein de promesses, qui enregistre réellement les
mouvements imperceptibles des mains et des doigts sous
l'effet d'une excitation.

doute, on ne devient pas conscient de cela, mais
ce n'est nullement une preuve que la chose n'existe
pas. Car nous savons par expérience qu'une
impression sensorielle doit déjà avoir une certaine force, pour être communiquée par le centre
de perception à la conscience, et que même de
très fortes impressions des sens restent inaperçues
par la conscience, quand celle-ci ne leur prête
pas son attention ; mais que ces impressions des
sens inaperçues par la conscience insuffisamment
excitée ou inattentive existent cependant, et sont
élaborées automatiquement par le cerveau en émotions en dehors de la conscience. De cette façon,
il n'est donc pas seulement possible, mais très
vraisemblable, que notre esprit est continuellement influencé par tous les autres esprits humains.
Non remarqué par la conscience, mais perçu par
les centres cérébraux, tout notre entourage humain proche et éloigné se déchaîne sur nous avec
des paroles et des gesticulations ; des millions et
des millions de voix sourdes et de gestes menus
fondent sur nous, et, dans ce pêle-mêle ahurissant,
nous n'entendons littéralement pas notre propre
parole, quand elle n'est pas assez puissante pour
dominer le bourdonnement. La conscience de
tous les êtres humains agit sur la nôtre, les mouvements moléculaires de tous les cerveaux se com-

muniquent au nôtre, qui tombe dans leur rythme,
s'il n'est pas en état de leur en opposer un d'une
plus grande vivacité, — quoiqu'un tel rythme
aussi soit très probablement modifié par les
rythmes vibrant sur lui, s'il ne s'adapte pas complètement à eux.

Ce serait la suggestion inconsciente. Laissons
maintenant celle-ci, et retournons à la suggestion
consciente, qui n'est peut-être pas la plus importante, mais qui est en tout cas plus sûrement accessible à notre connaissance. Elle est exercée
par toutes les manifestations à l'aide desquelles
s'expriment les états de conscience, le plus fréquemment par la parole, mais aussi par des actes
que l'on peut observer. L'idée exprimée provoque
dans le cerveau du lecteur ou de l'auditeur, en
vertu du mécanisme expliqué plus haut, la même
idée ; l'action accomplie provoque dans la volonté
du spectateur la même action. Seule la minorité
des esprit originaux, des génies, pourra se soustraire complètement à cette influence. Toute éducation, tout enseignement est suggestion. Le cerveau non encore développé de l'enfant se forme
d'après les excitations de mouvements moléculaires que lui transmettent ses parents et ses
maîtres. C'est par la suggestion qu'agit l'exemple
de la moralité comme de la corruption. La masse

d'un peuple pratique des actes d'amour ou de haine, de culture ou de sauvagerie, de pitié ou de cruauté, selon que les uns ou les autres lui sont suggérés par les individualités puissantes de l'époque. Que vient-on parler d'âme populaire ou de caractère national ? Ce sont des mots dénués de sens. Le caractère national est autre à chaque génération. L'âme populaire change d'un jour à l'autre. Veut-on des exemples? En voici quelques-uns. Le peuple allemand était dans la précédente génération mollement sentimental, romantiquement enthousiaste, bref, émotionnel. Il est, dans la génération actuelle, durement pratique, froidement réfléchi, agissant plutôt que parleur, plus calculateur que rêvasseur, bref, cogitationnel. Le peuple anglais était dans le premier tiers de ce siècle moralement dégradé ; il buvait sec, sacrait, paillardait, et étalait ses vices au grand jour ; aujourd'hui, il est d'une pruderie affectée, sobre jusqu'à l'abstinence, et guindé au plus haut degré ; il trouve son idéal national dans les sociétés de tempérance, dans les œuvres charitables pour le relèvement des femmes de mauvaises mœurs, dans une dévotion papelarde ; il évite les expressions choquantes dans la parole, et les excentricités immodestes dans les actions. Une pareille révolution est l'œuvre de trente ou cinquante courtes années.

Comment après cela peut-on croire et soutenir
que la manière de penser et d'agir d'un peuple
est le résultat de certaines particularités organiques de celui-ci ? De telles particularités ne
pourraient se modifier que très lentement dans
un long laps de temps. Il s'agit là de quelque
chose de tout différent, de ce que les adeptes de la
« psychologie des peuples » n'ont pas vu jusqu'ici :
il s'agit de suggestion. Les grandes figures
humaines surgissant au milieu d'un peuple suggèrent à celui-ci ce qu'on nomme l'âme populaire
et le caractère national, et qu'on tient fausse-
ment pour une chose durable et immuable, alors
qu'elle est en réalité constamment modifiée par
des esprits individuels. On doit se représenter
le fait ainsi : un nombre très petit d'hommes exceptionnels se tient en face d'un peuple ou même
d'une race, comme M. Bérillon ou M. Bernheim en
face d'une hystérique hynoptisée, et suggère au
peuple ou à la race des pensées, des sentiments
et des actes qui sont repensés, ressentis et refaits
sans résistance ni critique, comme s'ils avaient
pris naissance dans la propre conscience de la
foule. Quand ces hommes exceptionnels suggèrent la vertu et l'héroïsme, le monde voit un peuple
de chevaliers du Saint-Graal et de Winkelrieds;
quand ils suggèrent le vice et la bassesse, l'histoire

nous entretient des faits et gestes d'une Byzance
de la décadence. Confutzé (Confucius) crée un
peuple de lâches ; Napoléon Iᵉʳ, un peuple de com-
battants et de vainqueurs. Le génie forme le
peuple à son image, et celui qui veut étudier
l'âme populaire doit le faire non dans la masse,
mais dans le cerveau de ses chefs. Ce qui réellement est organiquement préformé dans le peuple,
c'est sa trempe plus ou moins forte. Toutes ses
pensées et ses actions lui seront certainement suggérées ; seulement, s'il est un peuple vigoureux, il
obéira vigoureusement à la suggestion ; un peuple
veule, veulement. C'est la différence qu'il y a
entre une machine à vapeur de la force de mille
chevaux, et une autre de la force d'un cheval :
même disposition, mêmes forces motrices, même
forme; mais l'une déplace des montagnes, et l'autre
met en mouvement une machine à coudre. Ainsi
un peuple est monstrueux en vertu et en vice, un
autre insignifiant en bien comme en mal ; l'un met
de grandes forces, l'autre de faibles forces au service de ses génies. Mais ce qui prescrit leur emploi
à ces forces organiques, c'est la suggestion, qui
émane des hommes exceptionnels. Que l'on ne parle
donc pas de l'âme populaire, mais tout au plus du
corps populaire, du poing populaire ou de l'estomac populaire. Je crois, par contre, qu'il est dans

les conditions organiques d'un peuple de produire plus rarement ou plus fréquemment des génies.

L'uniformité des vues et des sentiments au sein d'un même peuple ne s'explique donc pas par une homogénéité organique, mais par la suggestion, qui est exercée sur tous les membres de ce peuple par les mêmes exemples de l'histoire, par les mêmes chefs vivants de la nation, par la même littérature. C'est ainsi que les habitants des grandes villes acquièrent la même physionomie morale, quoique en règle générale ils aient les origines les plus diverses et appartiennent à une quantité de races. Un Berlinois, un Parisien, un Londonien ont des propriétés psychologiques qui le différencient de tous les individus étrangers à sa ville. Ces propriétés peuvent-elles avoir des racines organiques ? Impossible ; car la population de ces villes est un mélange des éléments ethniques les plus variés. Mais elle est sous l'influence des mêmes suggestions et montre pour cela nécessairement dans les actes et les pensées cette uniformité qui frappe tous les observateurs. Aberrations du goût et des mœurs, épidémies morales, courants de haine ou d'enthousiasme, qui à un moment donné entraînent irrésistiblement des peuples entiers, ces phénomènes ne deviennent compréhensibles que par le fait de la suggestion.

Nous avons vu que le mode principal de transmission de représentations d'une conscience à une
autre, est la parole. Mais celle-ci n'est qu'un symbole conventionnel d'états de conscience, et en cela
gît une grande difficulté, parfois invincible, pour
rendre sensibles par elles des représentations tout
à fait nouvelles. Un génie élabore dans sa conscience une représentation qui avant lui n'a jamais
été combinée dans aucun cerveau. Comment ten-
tera-t-il d'exprimer cet état nouveau et particulier
de conscience, et de le rendre sensoriellement perceptible à d'autres ? Evidemment, par la parole.
Mais la signification de la parole est établie par
une convention. Elle rend perceptible aux sens
un état de conscience connu auparavant. Elle
éveille chez l'auditeur seulement une vieille représentation de tout temps associée au mot employé.
Si l'auditeur ou le lecteur doit saisir le mot comme
symbole non de la représentation qu'il a exprimée
jusque-là, mais d'une autre représentation qui est
complètement inconnue du lecteur, il faut passer
avec celui-ci une nouvelle convention ; le génie
doit s'efforcer de l'amener par une autre voie, en
lui montrant les ressemblances ou les contrastes,
à la nouvelle notion pour laquelle il a employé le
vieux mot. Cela ne peut se faire d'ordinaire qu'approximativement, presque jamais complètement.

Notre langage porte presque dans chaque mot, dans chaque tournure, des traces de cet effort des hommes exceptionnels originaux pour transmettre aux cerveaux de la foule des représentations nouvelles à l'aide des vieux symboles. Tout sens figuré d'expression dérive de là. Si la même racine, par exemple dans le mot allemand « minne », signifie d'abord souvenir, puis amour, elle laisse reconnaître le travail de pensée d'un esprit original qui, pour exprimer une nouvelle représentation, celle de la tendresse désintéressée et fidèle, dut se servir d'un mot qui jusque-là exprimait une autre idée, plus grossière, mais néanmoins superficiellement apparentée à l'autre, celle du simple fait de se rappeler. Chaque génie aurait besoin, en réalité, d'une nouvelle langue à lui pour formuler exactement ses représentations nouvelles. De ce qu'il est obligé de se servir de la langue qu'il trouve toute faite, c'est-à-dire des symboles d'états de conscience antérieurs d'autres individus, il amène assez souvent de la confusion, en donnant à son mot un autre sens que l'auditeur, pour lequel ce mot ne peut avoir, jusqu'à nouvel ordre, que la signification traditionnelle. Le génie verse réellement du vin nouveau dans de vieilles outres, avec cette circonstance aggravante que le destinataire de l'outre ne peut juger le vin que d'après l'aspect du réceptacle, et qu'il est hors d'état d'ouvrir l'outre et de goûter son contenu.

La nature du langage, le fait qu'il symbolise de vieilles et très vieilles représentations et doit donner aux racines des mots un sens métaphorique pour les rendre propres tant bien que mal à désigner de nouveaux états de conscience, est un puissant obstacle de la transmission de la pensée d'un cerveau génial aux cerveaux de la foule. Celle-ci incline nécessairement à confondre la nouvelle signification figurée du mot approfondi par le génie et employé dans un sens particulier, avec l'ancienne signification littérale de ce mot. Les vieilles et très vieilles représentations continuent à subsister, troublantes et amenant la confusion, sous les nouvelles ; l'axe de la terre apparaît à l'esprit du peuple comme quelque chose ressemblant à un essieu de voiture, le courant électrique comme un liquide qui doit couler à l'intérieur d'un fil à peu près comme de l'eau dans des tuyaux de plomb, et là où le génie a cru expliquer par le mot, il a quelquefois obscurci, il n'a pas éveillé dans l'esprit des autres ses propres représentations, mais des représentations souvent tout opposées. C'est là de nouveau une imperfection humaine contre laquelle nous ne pouvons rien. Peut-être notre organisme se développera-t-il

encore au point que les états de conscience ne
s'exprimeront plus par des symboles conventionnels, mais directement. Alors le cerveau original
n'aura plus besoin du mot pour communiquer à
d'autres cerveaux ses mouvements moléculaires ;
il suffira peut-être de penser clairement et nettement une idée, pour la répandre, comme la lumière
ou l'électricité, à travers l'espace et la suggérer
à d'autres ; on n'aura plus besoin de la revêtir
des vieux haillons d'un langage qui nous contraint,
par exemple, à exprimer l'idée d'un tout dont
nous sommes des parties, par le mot « nature », qui
originairement signifie « celle qui enfante », nous
imposant ainsi l'idée d'une mère avec tous les attri-
buts de la sexualité nécessaire pour la reproduc-
tion à la façon des mammifères. Mais jusqu'à ce
que nous ayons atteint cette perfection fabuleuse,
il faut bien nous contenter du mot, et nous devrions simplement tâcher loyalement de nous
comprendre les uns les autres, autant du moins
que cela nous est possible [1].

(1) La science marche vite. Quand j'écrivais ce chapitre,
mon hypothèse de la suggestion était quelque chose de
tout nouveau, un véritable paradoxe. Peu de temps s'est
écoulé, et cela a suffi pour transformer le hardi paradoxe
en une banalité universellement acceptée, qui n'est plus
contestée même par la science officielle dans les Académies et les Universités.
J'ajouterai une seconde remarque à celle-ci. Les idées

exprimées dans ce chapitre sont presque identiques à celles que M. Tarde a exposées dans son livre sur *Les lois de l'imitation*. Mais je tiens à constater que j'ai écrit ce chapitre avant que le livre de M. Tarde ait paru. Il est évident que M. Tarde n'a pas connu mon travail. Or, je n'ai pas non plus connu le sien, pour la raison péremptoire qu'il n'était pas publié au moment où le mien a paru. Je me suis simplement rencontré avec M. Tarde, et j'en tire quelque orgueil.

IV

RECONNAISSANCE

« Un vif sentiment de faveurs à venir » : c'est ainsi que le satirique anglais a défini la reconnaissance. Il croyait faire une plaisanterie, et il a donné en réalité une explication définitive de l'essence de ce sentiment. Chez tous les individus sains et sentant d'une façon naturelle, il y a au fond de la reconnaissance l'expectation claire ou obscure de nouveaux bienfaits. S'il n'y a plus du tout à espérer la continuation ou le renouvellement de ceux-ci, toute reconnaissance cesse envers le bienfaiteur, ou, si elle persiste malgré cela, ce n'est que par suite ou d'une habitude organique ou de l'inhibition artificielle, exercée par la civilisation, de processus régressifs dans la vie du sentiment. Je crois avec les philosophes évolutionnistes, avec Darwin, Herbert Spencer et Bain, que tous les sentiments humains ont leur origine dans leur nécessité ou leur utilité pour la conservation de l'individu et de l'espèce. Nous ressentons aujourd'hui, par exemple, l'amour comme une volupté, la désapprobation de nos actes par l'opinion publique comme un désagrément. L'évolution l'explique facilement. De deux hommes primitifs dont l'un éprouvait des sensations de plaisir aux actes d'amour, tandis que ceux-ci ne provoquaient rien de tel dans l'organisme de l'autre, le premier se sera ardemment efforcé de se procurer ces sensations, ce que n'aura guère fait le second. Celui-là laissera beaucoup de descendants, celui-ci peu ou point du tout. En ceux-ci se renouvelle par l'hérédité la particularité organique de leurs pères : les ardents à l'amour seront toujours devenus plus nombreux, les frigides toujours plus rares et auront bientôt disparu, de façon qu'il ne restera plus que des êtres chez lesquels l'amour est associé à des sensations voluptueuses. De même, celui de deux hommes primitifs auquel l'opinion de ses compagnons de tribu était indifférente, aura facilement fait des actes de nature à déplaire ou à nuire à ceux-ci ; la tribu ne les aura pas tolérés et l'aura bien vite placé, en l'expulsant, dans des conditions d'existence plus défavorables, ou l'aura tout simplement tué ; l'autre, au contraire, qui tenait constamment compte de l'effet de sa conduite sur ses semblables, aura été en bons termes avec sa tribu, aura reçu d'elle secours et protection, par là plus facilement et plus sûrement vécu et pro-

duit plus de descendants, auxquels il a pu léguer
sa particularité organique ; de sorte que, dans
l'humanité actuelle, on ne rencontre plus que des
individus chez qui l'idée de l'hostilité de l'opinion
publique provoque une sensation de déplaisir
assez forte pour les détourner d'actions qui pourraient éveiller une pareille hostilité. Mais la
reconnaissance est-elle un instinct qui se laisse
expliquer par le principe évolutionniste ? Nullement. La reconnaissance n'a jamais pu être utile
à un homme primitif, lui procurer de meilleures
conditions d'existence. Il ne tirait de ce sentiment
aucun profit, et l'absence de celui-ci n'avait pour
conséquence aucun inconvénient. En y regardant
de près, on constate même qu'un individu atteint
du penchant de la reconnaissance, s'en trouvait
plus mal que ceux qui en étaient exempts ; car
tandis qu'il gaspillait son temps en des attentions
et sa force en des actes qui ne pouvaient lui apporter aucun avantage appréciable, les autres
employaient force et temps à leur avantage. Dans
tous les cas où elle n'est pas un sentiment inspiré
par l'égoïsme et l'intérêt personnel et n'a pas pour
but d'inciter par l'obséquiosité et la flatterie un
bienfaiteur à des bienfaits nouveaux, la reconnaissance était et est donc inutile à la conservation de
l'individu et de l'espèce, et ne pouvait conséquem-

ment devenir par hérédité un instinct naturel des
hommes. Comment explique-t-on alors que la reconnaissance constitue néanmoins le fond des idées
religieuses de l'humanité, qu'on louait les dieux
pour les dons qu'ils départissaient aux hommes,
qu'on leur en témoignait sa reconnaissance par des
sacrifices, qu'on rendait un hommage de gratitude
aux défunts, que ce fussent les propres ancêtres
ou les héros de la tribu ? Tout simplement par
les erreurs grossières d'un esprit ignorant. Les
hommes tenaient les dieux, les aïeux et les héros
morts, pour des êtres vivants ayant encore la
puissance de leur être utiles, et leurs sentiments
de dévouement affectueux, leurs sacrifices et leurs
glorifications n'étaient pas la reconnaissance de
bienfaits passés, mais de pressantes invitations à
des bienfaits futurs. Aujourd'hui encore, l'idée
fondamentale superstitieuse de l'existence d'un
dieu personnel doué de qualités humaines, et de
la survie de l'individu après sa mort, continue à
subsister puissamment dans les âmes, et provoque
çà et là, quoique assez rarement, en somme, des
manifestations de reconnaissance envers le mérite
défunt. Dans un avenir plus éloigné, quand aura
disparu du cerveau des hommes cette superstition
organisée par une habitude de penser cent fois
millénaire, le culte des héros sous sa forme actuelle

aura probablement cessé jusqu'à la dernière trace. Peut-être élèvera-t-on encore aux grands hommes des monuments, entretiendra-t-on leurs tombeaux, et fêtera-t-on leurs anniversaires ; mais ce ne sera plus avec l'idée de leur faire quelque chose d'agréable, de s'acquitter d'une dette envers eux, de leur offrir un équivalent des bienfaits reçus ; ce sera exclusivement dans des vues d'éducation populaire, dans le dessein de faire agir la figure du héros fêté comme suggestion sur la foule, et de recommander à celle-ci l'imitation de ses vertus ; et aussi parce que la société éprouvera toujours le besoin de montrer incarnées en des figures idéales les qualités qu'elle doit, dans l'intérêt de sa conservation, exiger de ses membres.

Si la reconnaissance pour un exploit devait avoir un sens et un but, il faudrait qu'elle fût témoignée avant l'achèvement de cet exploit. Alors aurait-elle peut-être une influence sur l'origine, la nature et l'étendue de celui-ci. Mais à quoi peut-elle servir, quand l'exploit est une fois accompli ? Que peut-elle alors y changer, y améliorer ou y détériorer ? Quand le More a terminé sa tâche (dans le *Fiesque* de Schiller), il ne lui reste vraiment plus qu'à s'en aller, et s'il vient à se plaindre, quelqu'un qui a du loisir pour ce soin bien inutile, peut lui faire une conférence sur les

lois naturelles et lui expliquer que le présent et
l'avenir ne sont pas capables d'influencer le passé,
et qu'un acte devenu objectif reste de toute éter-
nité ce qu'il est, que le More de qui il émane fasse
ensuite à son sujet une grimace amère ou une
mine joyeuse. Il n'y a pas à objecter que l'exemple
de la reconnaissance ou de l'ingratitude, s'il
ne peut exercer aucune influence sur l'acte qui
en est l'objet, a peut-être pourtant une action
déterminante sur des actes futurs ; que l'hommage
de vénération rendu à un prédécesseur peut sti-
muler un successeur à marcher sur ses traces ;
que la vue de l'ingratitude envers les défunts
retiendra les derniers venus de se livrer à des
efforts altruistes qu'autrement ils auraient entre-
pris. Ce n'est pas le cas. Le génie accomplit ses
grandes actions pour l'humanité, parce qu'il s'y
sent forcé et ne peut faire autrement. C'est une
impulsion de son propre organisme qu'il satisfait.
Il souffrirait, s'il n'obéissait pas aux exigences de
celui-ci. Que la foule moyenne y trouve son
compte, ce n'est pas la raison de ses actions. Le
torrent se précipite impétueusement, parce que
les lois de l'hydraulique l'exigent ainsi. Mais il ne
lui importe pas que sur ses bords s'établissent des
moulins qui lui empruntent leur force motrice. Le
spectacle de Scipion assis sur les ruines de Car-

thage n'a encore fait d'aucun possible sauveur en
herbe de la patrie un Ephialte, quoique l'idée d'un
homme âgé accroupi dans le vent coulis au milieu
de gros moellons à brisures tranchantes et qui
au premier pas choppera évidemment contre les
décombres ou tombera dans un trou de cave,
rebute tout autre être que des pompiers volon-
taires. Et j'en. appelle aux éditeurs : le souvenir
de Camoëns, que ses ingrats compatriotes lais-
sèrent mourir dans la misère, a-t-il sensiblement
diminué la production poétique ?

Le lecteur a déjà constaté que la reconnaissance
d'une personne envers une autre personne est
exclue des considérations actuelles. En effet, elle
ne peut être citée comme exemple d'un mouvement d'âme désintéressé, dégagé de tout espoir
de nouvelles faveurs, profitant à l'être remercié et
nullement à l'être remerciant ; elle n'est qu'un
placement plus ou moins habile de capital dont
on se promet de bons intérêts, et tombe consé-
quemment sous la compétence non de la philosophie morale, mais de la science financière. Seule
la reconnaissance de la foule envers l'individu,
qu'elle ne connaît pas personnellement, dont personnellement elle n'a rien à attendre, qui peut-
être est déjà mort, serait un semblable exemple.
Mais un exemple de ce genre expérimentalement

net et réellement probant, qui ne se laisserait
expliquer ni par vanité nationale ni par superstition héréditaire, c'est-à-dire ramener à des
mobiles égoïstes, on le cherchera en vain dans
toute l'histoire de l'humanité.

Non, il n'existe pas et il ne peut exister de
reconnaissance des foules, des peuples ou de l'humanité, parce que cette reconnaissance n'a pas
de base anthropologique. Le génie, du travail
intellectuel duquel l'espèce vit, qui accomplit en
lui tout le progrès de l'espèce, qui représente
l'esquisse de tout nouveau développement de l'humanité, doit renoncer à la reconnaissance. Il doit
trouver son unique récompense dans ce fait que,
pensant, agissant et créant, il déploie et dépense
ses facultés supérieures et prend conscience de
son originalité, en ressentant de puissants sentiments de plaisir. Une autre satisfaction que celle
de la sensation la plus intense possible de son
propre « moi », il n'y en a pas plus pour le génie
le plus sublime que pour le dernier élément figuré
qui grouille dans un bouillon de culture. Le génie
caresse parfois l'idée de l'immortalité. Il a tort.
L'immortalité, que Klopstock appelle une « belle
idée », est moins qu'une belle idée ; elle est un
tableau évanescent de l'imagination, une ombre de
la propre individualité projetée dans l'avenir, sem-

blable à celle qu'un arbre, au coucher du soleil, jette au loin dans la plaine. A l'instant où l'arbre est abattu, son ombre disparaît aussi. L'idée de la survie du nom, l'effort pour s'assurer une gloire posthume, jaillissent de la même source que la croyance superstitieuse à une survie individuelle après la mort. C'est toujours de nouveau la révolte de l'individu vivant contre la cessation de sa conscience, une forme de la lutte impuissante contre la loi universelle de la contingence du phénomène individuel, une preuve de l'incapacité du « moi » pensant, sentant sa propre existence, à s'imaginer soi-même non pensant et non existant. L'homme qui a fait de grandes choses, qui a fait avancer son peuple ou l'humanité, voudrait au moins être sûr de cette très faible et très modeste manifestation de reconnaissance, qui consiste dans la conservation de son souvenir. Vain désir et vain effort ! La mémoire de l'humanité est rebelle à conserver le nom et l'image d'individus, et à prolonger au delà de la limite naturelle de la vie humaine, au moins dans le souvenir, un pâle reflet de l'existence de ceux-ci. Combien de temps durent les noms même les plus illustres ? Jusqu'ici l'humanité n'en a pas conservé qui soient vieux de dix mille ans ; et que sont dix mille ans dans la vie de l'humanité, pour ne pas parler de la vie de notre planète ou du système solaire ! C'est seulement quand des hommes vivants ont un avantage matériel à ne pas laisser périr le souvenir de personnes déterminées, que la foule conserve de celles-ci un souvenir clair; ainsi des fondateurs de religions ou des premiers ancêtres d'une famille régnante. Car ici les prêtres et les monarques ont intérêt à empêcher artificiellement la foule d'obéir à son instinct profond, irrésistible à la longue, d'oubli ingrat. Mais où cet intérêt n'existe pas, l'humanité se hâte d'oublier les morts, fussent-ils ses plus grands bienfaiteurs. C'est un spectacle attristant de voir les efforts désespérés de l'individu pour soustraire sa forme individuelle à la loi de l'anéantissement. Il entasse d'énormes pierres en monuments gigantesques, il contraint l'airain à garder les contours de son galbe, il écrit son nom à chaque page de livres, il le grave en marbre et en bronze, il l'attache à des fondations, à des rues et à des villes. Les palais et les statues, les livres et les inscriptions doivent jusqu'aux temps les plus lointains crier ce nom aux oreilles des hommes, en les avertissant qu'un grand homme le porta jadis, et que ce grand homme s'est acquis des droits à la vénération reconnaissante. Les objets morts auxquels l'individu confie le soin de sa mémoire, ne font pas longtemps leur devoir. Même s'ils échappent à la destruction, ils perdent la voix et cessent bientôt de prononcer le nom qu'ils devaient répéter aux générations les plus lointaines. Le palais sert à des hommes qui inventent sur son origine une histoire arbitraire ; on affuble la statue d'un nom quelconque, on obscurcit même dans le nom de la ville celui de son fondateur, en faisant, par exemple, de Constantinople Stamboul, et l'on supprime insouciamment la trace du grand homme, comme un enfant qui joue détruit du doigt les lettres sur une ardoise. Et qui fera de cela un reproche aux hommes ? Celui-là seul qui n'a aucun sens des phénomènes et des conditions les plus claires de la vie organique. L'individu n'a de valeur que pour lui-même, non pour la nature et pour la collectivité. Pour la nature il est seulement un moule dans lequel la matière est organiquement modelée ; un passage dans la grande marche évolutive de la matière de l'inanimé à l'animé. La coulée terminée, le moule est brisé. Le passage franchi, il est oublié. Ce qui est durable dans l'individu et destiné à une existence sans fin visible, son principe fécondant, se dégage de lui et commence une vie nouvelle indépendante qui n'a plus besoin en aucune façon du lien avec l'organisme dans lequel il a pris naissance ; mais l'organisme ancestral périt alors comme la fleur dont le fruit

a fini par naître. Un fait absolument semblable
se répète dans les fonctions intellectuelles de
l'individu. Celles-ci se séparent de l'organisme,
deviennent objectives et forment des phénomènes
en soi pour la perfection desquels il n'est nullement nécessaire qu'ils rappellent l'individu qui les
a produits ; ils sont ce qui est destiné à durer, en
quelque sorte le principe fécondant de l'individualité morale ; et celle-ci a-t-elle donné ce qu'elle
a de meilleur, a-t-elle produit des idées et des
actions vivantes qui peuvent continuer à agir par
elles-mêmes et à susciter de la vie nouvelle, il
n'est pas injuste qu'elle partage le sort de toute
chose vivante et de tout ce qui donne la vie, et
disparaisse. Le mythe antique de Saturne dévo-
rant ses enfants repose sur une conception à
rebours de la nature. Ce n'est pas le père qui
mange ses rejetons, ce sont ceux-ci qui se nour-
rissent de leurs parents. Cet exemple d'égoïsme
primitif puissant et impitoyable n'a rien de choquant. Au contraire. Il est terrible et beau en
même temps, comme tout grandiose spectacle de
la nature. L'engendré, en recevant de l'engendreur
le germe vital et en le portant plus loin dans
l'avenir, renouvelle et rajeunit l'organisme ancestral, mais seulement ce qu'il y a d'essentiel en
lui. Ce travail de conservation de l'essentiel

réclame tant de la force du nouvel organisme, qu'il n'en reste pas pour le maintien de ce qui n'est pas essentiel, c'est-à-dire des contingences d'une forme individuelle de la vie.

La loi que je pourrais nommer la loi de Saturne renversée, la loi en vertu de laquelle l'engendreur plonge dans les ténèbres en la mesure où l'engendré apparaît à la clarté, cette loi ne souffre pas d'exception. De même qu'il n'y a pas d'être humain qui ait conservé vivant son ancêtre éloigné, ainsi il n'y a pas d'exploit intellectuel humain qui ait parcouru le cours de son existence en compagnie de son auteur. Que savons-nous des individualités dont le travail intellectuel constitue toute notre civilisation et toute notre culture ? Combien grand fut l'homme qui nous a donné le feu ! Qui a conservé son souvenir, si ce n'est le mythe de Prométhée ? A qui vient-il l'idée de se le rappeler avec reconnaissance, quand, l'hiver, on se délecte à la chaleur du poêle ? Quel génie doit avoir été celui qui, le premier, songea à se débarrasser du hasard de plantes rencontrées, et à réclamer méthodiquement du sol les grains nécessaires ! Bénissons-nous son nom, quand nous mangeons notre pain quotidien ? Aujourd'hui nous connaissons encore l'inventeur du télégraphe, de la machine à vapeur, du chemin de fer ; mais ces inventions sont d'hier. Les hommes sous les yeux de qui elles ont eu lieu, vivent encore en partie. Un peu de temps, et les Soemmering, Oersted et Ampère, les Graham Bell et Edison, les Papin, Watt et Stephenson, seront aussi profondément oubliés que les inventeurs inconnus également grands ou plus grands de la production artificielle du feu ou de l'agriculture, et l'humanité se servira de leurs téléphones et de leurs trains rapides comme du feu ou du pain, sans payer à ses bienfaiteurs le plus petit tribut de souvenir reconnaissant. Et les inventeurs ne sont pas en cela plus mal partagés que les penseurs, les souverains, les hommes d'État, les législateurs, les artistes. Une vérité est trouvée : elle reste le bien éternel de l'humanité, mais au bout de quelques générations, on ne s'occupe plus de son auteur. Les spécialistes savent encore aujourd'hui à qui nous devons chaque étape particulière du progrès en mathématiques, dans les sciences naturelles, en astronomie. Mais combien y en a-t-il, même parmi les gens cultivés et très cultivés, qui seraient en état de dire quelle part personnelle Pythagore et Euclide, Hipparque, Héron d'Alexandrie et Descartes, Aristote, Roger Bacon et Harvey, voire des apparitions humaines aussi récentes que Lamarck, Young, Leslie, Bell, Joule et Schwann,

ont à notre connaissance de la nature et à notre
conception du monde ? De quels individus émanent les institutions politiques romaines, dont
les linéaments subsistent encore aujourd'hui dans
notre édifice politique ? Comment se nommaient
les législateurs (non les compilateurs) auxquels
on doit les définitions du droit romain, qui continue à dominer nos conceptions juridiques ?
L'œuvre est là ; son auteur est oublié ou échu à
la légende. L'*Iliade* est encore lue, surtout, il est
vrai, par les collégiens, qui y trouvent peu de
jouissance ; mais Homère est tellement perdu
pour nous, qu'on peut nier son existence. Les
Nibelungen vivent et florissent, mais leur auteur
a été englouti dans le passé. Le nom du statuaire
de la Vénus de Milo, nous ne pouvons pas plus le
soupçonner que le nom de celui qui a sculpté
l'Apollon du Belvédère.

C'est en vain que les génies d'aujourd'hui se
flattent qu'il n'en sera plus ainsi à partir de maintenant. La gloire personnelle est inscrite dans
les journaux et dans les livres et sur des tables
d'airain et de pierre. Le temps dissipe tout cela
comme la cendre d'une feuille brûlée. Quelques
petits milliers d'années, et tout a disparu. Mais
l'humanité a peut-être encore des millions d'années
devant elle. Bismarck partagera la destinée des

fondateurs d'États oubliés de l'antiquité, Gœthe et
Shakespeare iront rejoindre l'auteur du livre de
Job et le chantre des Védas, mais le peuple allemand continuera à se développer puissammert,
et *Faust* et *Othello* procureront de profondes
émotions aux hommes, aussi longtemps que sur
terre on comprendra l'allemand et l'anglais.

« La trace de mon séjour terrestre ne peut dis-
paraître pendant des éternités ! », se dit Faust
avec une persuasion consolante. Il a littéralement
raison. Sa trace, c'est-à-dire ce qu'il a fait, ne dis-
paraîtra pas de sitôt, si ce qu'il a fait est important. Mais il a tort, si à la durée de la trace il rat-
tache l'idée de la durée de son individualité. Il a
arraché une terre à la mer? Bien. Une foule
joyeuse l'habite et y jouit de la vie et de la
lumière du soleil. Mais remercier l'homme qui a
exécuté la digue et créé le sol nourricier ? Nullement. La reconnaissance ne rend pas la moisson
plus riche ni la terre plus florissante. On n'est
pas forcé de l'éprouver, et par conséquent on ne
l'éprouve point.

La science de l'économie politique a établi que
ce qui fait le prix des choses, ce n'est pas leur indis-
pensabilité pour la vie humaine, mais la plus ou
moins grande facilité avec laquelle on peut se les
procurer. L'air est la chose la plus nécessaire à

l'homme ; mais il n'a aucune valeur, parce que celui-ci peut l'avoir en tout temps sans peine, parce que, pour puiser son oxygène, il n'a aucun travail conscient à accomplir. On peut assimiler en ce sens la production du génie aux biens qui n'ont pas de valeur. Une fois achevée, une fois devenue objective, elle forme une partie de la nature même ; elle est comme l'air, que l'on peut respirer, comme l'eau, que l'on peut puiser sans peine, sans retour de service, sans remerciements. La vérité qu'un homme a trouvée et exprimée, est accessible à tous les hommes ; dans le chef-d'œuvre artistique qu'un homme a créé, tous les hommes peuvent, s'ils en ont soif, aller puiser des émotions ; l'invention, l'institution politique et sociale qu'un cerveau humain a imaginée et une volonté humaine réalisée, tous les hommes la trouvent toute faite à leur naissance, comme la terre sur laquelle ils cheminent et les saisons dont les alternances interrompent l'uniformité du temps. Ce que l'individu prend pour son usage de ces vérités et de ces beautés, de ces inventions et de ces institutions, cela n'amoindrit pas leur quantité, cela ne les use pas, cela n'en prive pas un autre. Il a par conséquent raison de les utiliser sans remerciements ni charge de retour.

Et les hommes qui travaillent pour la foule
n'ont malgré cela aucun motif de se plaindre de
l'ingratitude, quand on les oublie pour leurs pro-
ductions, quand les contemporains et la postérité
peuplent une Amérique découverte par eux, et ne
conservent même pas un souvenir pour le Chris-
tophe Colomb du nouveau sol nourricier. Leur
organisme a produit ses créations, comme un
organisme de mère engendre un enfant : parce
qu'il ne pouvait pas les conserver en lui, parce
qu'il devait les expulser quand elles étaient mûres.
D'ailleurs, chaque génie a aussi, au fond, sa récompense même pour ses plus grandes créations, et
l'on peut dire qu'il ne travaille qu'après avoir touché son salaire. Car il profite du travail de tous les
génies qui l'ont précédé, de ces hommes anonymes
qui ont été les auteurs de toute notre culture et
civilisation, de toutes nos commodités et de nos
triomphes sur la nature. Il monte sur les épaules
de ses prédécesseurs ; il est juste que ses succes-
seurs montent sur ses épaules. Il n'est pas autrement reconnaissant aux guides et pionniers oubliés
de l'humanité, qu'en utilisant les trésors laissés
par eux ; il ne peut pas attendre que ses héritiers
le remercient d'une autre façon. Les biens intellectuels qu'il trouve à sa venue et dans lesquels il
peut puiser, ne portent plus, voilà bien longtemps,

la marque personnelle de leurs auteurs. Alors,
pourquoi le génie ne se consolerait-il pas de ce que
les biens aussi qu'il produira lui-même soient ver-
sés, sans marque d'origine, au patrimoine de l'humanité, et augmentent la richesse de celle-ci ?

V

L'ÉTAT DESTRUCTEUR DES CARACTÈRES

Cent fois on s'est moqué de la manie des rangs et des titres en Allemagne, et les railleries en prose et en vers déversées sur ce sujet forment toute une bibliothèque. Mais la matière est inépuisable, et quelques côtés, notamment, ont été jusqu'ici à peine effleurés. C'est ainsi qu'on n'a pas suffisamment appuyé, il s'en faut, sur le danger qui menace le développement et même l'existence d'un peuple, quand celui-ci érige le bonnet à bouton de mandarin en idéal privé et public.

Allez dans un cercle allemand, et regardez autour de vous ; vous trouvez là des assesseurs et des inspecteurs, des commandants et des conseillers, surtout des conseillers de toute couleur et de tout format, depuis le conseiller de commission sans importance jusqu'au très considérable conseiller « intime actuel ». Chaque profession a son conseiller spécial, qui en est en quelque sorte l'efflorescence, et l'on doit seulement s'étonner que quelques-unes encore n'aient pas une efflores-

cence pareille, constituant ainsi les cryptogames
dans la flore de l'Etat. Ce serait si gentil, si les
mendiants ou les laveurs de bocks les plus éminents pouvaient espérer aussi parcourir la partie
descendante de leur carrière réussie, parés d'un
titre approprié, tel, par exemple, que celui de conseiller du carottage ou conseiller de l'élévation du
coude. Un homme simple et humble qui se con-
tente de son prénom et de son nom, vous le cher-
cherez en vain parmi tous ces conseillers, quand
bien même vous fureteriez à l'aide d'une lanterne
de Diogène à la hauteur des progrès les plus
récents en matière d'éclairage électrique. Le valet
qui offre à la ronde le sirop d'orgeat est en apparence le seul représentant du genre « Adam
Homo » sans épithète, mais même dans ce cas
l'apparence est trompeuse. Chaque fois, en effet,
que l'Etat a l'occasion de s'occuper officiellement
de lui, soit pour lui réclamer ses impôts, soit pour
le poursuivre par suite de tapage nocturne, soit
pour lui clouer la « médaille d'honneur » à la poitrine, en reconnaissance du soin amoureux avec
lequel il a ciré pendant de longues années les
bottes de son général ou de son conseiller intime,
il ne l'appelle pas « Frédéric-Guillaume Müller »,
mais il joint à ces noms l'épithète qualificative :
« le valet Frédéric-Guillaume Müller ». Ce n'est

pas là un titre d'un éclat particulier, mais enfin c'est un titre. Il occupe du moins la place d'un titre et la tient chaude. Il marque qu'à cet endroit il devrait y avoir quelque chose. Il maintient vivante l'habitude de voir un manche attaché à un nom, comme à une casserole. L'Etat a une pudeur d'espèce spéciale : il est choqué de voir devant lui un nom nu. Fi, quelle honte ! Vite, le manteau d'un titre ! ou, tout au moins, la feuille de vigne de l'indication de métier ! Les mathématiques, qui tiennent pourtant beaucoup à l'exactitude, s'épargnent le signe quand elles peuvent, et conviennent de ceci avec nous : quand devant un terme il n'y a rien, il faut y mettre par la pensée un « plus ». L'Etat ne fait pas de pareille concession. Chaque nom doit avoir son anse. Celui qui n'est rien d'autre reçoit au moins le titre de « particulier ». Comme il est bien allemand, ce cri du cœur de l'homme des *Fliegende Blaetter :* « Si je ne suis rien, je suis pourtant un contemporain ! »

Quand on vous a présenté un homme comme M. le conseiller un tel, vous savez tout ce qu'il vous faut savoir sur son compte. Ne vous donnez aucune peine pour connaître sa personnalité ; vous n'avez pas même besoin de voir son visage, et bien moins encore de noter son nom.

Ce sont là choses accessoires. L'essentiel est le conseiller. Celui-ci donne la pleine définition de l'homme. Vous pouvez infailliblement conclure de son titre ce qu'il est et ce qu'il fait ; ce qu'il a appris ; ce qu'il aime et ce qu'il hait ; comment et où il passe ses jours et ses nuits, comment il pense sur tout, depuis le libre-échange jusqu'à l'immortalité de l'âme, et même, en beaucoup de cas, combien il gagne d'argent. C'est un merveilleux sentiment de sécurité que vous ressentez en face d'un homme ainsi titré. Il n'y a pas là de voile à surprise qui cache le visage d'une mystérieuse Isis. Maya se tient là dans une satisfaisante visibilité, et ne vous laisse rien à chercher ni à deviner. Je m'étonne seulement qu'on n'ait pas encore eu l'idée d'une simplification qui se recommande comme très pratique. Pourquoi laisser aux messieurs titrés un nom propre ? Ce nom en effet rappelle encore une personnalité, tandis que le triomphe suprême de ces messieurs est de n'avoir aucune personnalité, mais un rang, une position, un titre. Celui-ci est la chose principale, l'homme n'est que l'appendice non essentiel.

Bien. Supprimons complètement ce dernier, et n'appelons plus chaque porteur de titre que par le chiffre de la page et de la ligne de l'annuaire civil ou militaire où il est enregistré. Ou, si cela sem-

blait incommode, donnons-lui un nom quelconque
à retenir, qui serait à jamais celui de l'occupant
d'une situation donnée, et serait pris en même
temps que le titre. Alors avec l'uniforme on en-
dosse aussi un nom, et l'on disparaît des pieds à
la tête dans son rang et son titre. Les grands sei-
gneurs français du siècle précédent s'entendaient à
vivre. Ils avaient pour chaque valet un nom de
guerre établi une fois pour toutes, et que celui-ci
devait prendre en entrant à leur service. Le premier valet de chambre se nommait, par exemple,
Jeunesse ; le chasseur, Picardie ; le cocher, Victor.
Chacun recevait de son prédécesseur le nom avec
la livrée, et le transmettait à son successeur. De
cette façon les maîtres, dont le rôle n'est pas de
distinguer des individualités, mais de voir un service régulier régulièrement accompli, s'épar-
gnaient la nécessité de faire des acrobaties de
mémoire pour l'office.

Il y aurait d'ailleurs peu de mal, si les fonc-
tionnaires seuls se montraient enfantinement heureux de leur titre, et accordaient plus d'importance à leur uniforme qu'à leur corps. Mais ce
phénomène n'est pas limité aux milieux où le
titre répond du moins à une fonction, et où l'uniforme n'est pas un déguisement de carnaval, mais
un vêtement de travail ; il est répandu par tout

le peuple et observé chez un nombre incalculable de gens dont le seul rapport avec le service de l'Etat consiste en ce que, lors du recensement, ils forment une unité dans le total officiel. Dans la vie bourgeoise aussi, l'Allemand aspire à une distinction gouvernementale quelconque, à une estampille ou à une marque au fer rouge témoignant qu'il fait partie du troupeau de l'Etat. Aussi longtemps que l'Etat n'a pas pris, par une nomination quelconque, officiellement connaissance de son existence, il ne croit pas qu'il existe. Sans ce qu'il appelle une distinction, il ne se sent pas un homme complet, mais tout au plus l'embryon d'un homme. Son métier ou sa profession lui paraît le support d'un titre, et la destination naturelle de sa poitrine lui semble être de porter une décoration. Des hommes nés libres, indépendants, n'ont pas la fierté de reposer sur eux-mêmes et de ne rien vouloir des autres ; ils aliènent leur indépendance, qui vaut plus que la primogénéité d'Esaü, pour une marque de faveur qui a moins d'importance que le plat de lentilles de Jacob. Lors du développement de la féodalité, les hommes libres durent remettre le franc-alleu de leurs biens aux mains des grands nobles, et le recevoir de nouveau d'eux comme fief, à titre de don gracieux. On fait aujourd'hui sans nécessité ni contrainte ce que

l'orgueilleuse génération de ce temps-là ne con-
sentit à faire qu'après une rude résistance.

En Russie, l'échelle des divers degrés du fonc-
tionnarisme se nomme le « tchin ». Tout Russe
qui veut faire dans le monde un peu plus figure
que le hareng à son banc, doit occuper un degré
quelconque de cette échelle. Mais le « tchin »
n'est pas resté une institution russe ; il a fait son
chemin au delà des frontières. L'échelle a été
dressée aussi en Allemagne, et le monde a devant
les yeux ce spectacle baroque d'un des premiers et
des plus puissants peuples civilisés de la terre, pas-
sant sa vie à en gravir solennellement un échelon
après l'autre, pareil à un nombre de grenouilles
vertes emprisonnées. Le développement de l'individu ne se produit pas du dedans au dehors, mais
par ajoutage extérieur; non comme chez un organisme auto-dynamique rempli de force vitale, mais
comme chez une pierre inerte et morte. C'est l'État
qui ajoute de nouveaux centimètres à la taille naturelle de l'individu, et l'agrandit de temps en
temps d'une tête. La croissance ne consiste pas en
une élévation du caractère, mais en un allongement du titre. La personnalité perd une qualité,
le titre gagne un adjectif. Le tempérament s'ap-
pauvrit, la brochette de décorations s'enrichit.

Et malheur à l'homme isolé qui veut se dérober

à cette servitude universelle volontaire ! On le
regarde comme, dans la fable, les chiens domes-
tiques regardent le libre loup. Ou, plus exactement, on ne le regarde pas du tout. Grimmelshau-
sen, le conteur allemand du xviie siècle, parle
dans un de ses romans d'un nid d'oiseau merveilleux qui rendait invisible celui qui le portait.
Le titre a l'effet opposé de ce nid merveilleux :
lui seul rend visible celui qui le porte. Aussi
longtemps qu'on ne le possède pas, on n'est pas
remarqué par la société, on est une ombre trans-
parente, une bulle d'air. L'homme qui, en vertu
de sa propre force organique et obéissant à sa
loi de croissance intérieure, s'est formé en une
individualité qui veut être considérée et mesurée
à part et ne peut être comprise dans son originalité et sa beauté propres que si elle est dégagée
de tous les appendices arbitraires extérieurs ne
servant qu'à embrouiller les lignes et à déformer
l'ensemble, un tel homme disparaît derrière des
mannequins articulés indifférents qui ne servent
qu'à porter des uniformes et des marques hiérar-
chiques ! Un enfant, dans une anecdote connue,
déclare qu'il ne saurait pas dire si des enfants
qu'il a vus en train de se baigner étaient des garçons ou des filles, puisqu'ils ne portaient pas leurs
vêtements. La société en est au point de vue de

cet enfant. Elle ne comprend pas l'humanité, si
elle ne se présente pas sous un costume déterminé.
Elle ne reconnaît un homme que quand il apparaît devant elle en grand attifage de rang et de
titres. Cette manière de voir contraint tout
homme qui a le désir justifié de jouir de quelque
considération parmi ses concitoyens, à abandonner
sa voie de développement naturelle et à se joindre
à la foule qui, d'un pas égal et endormi, se pousse
en avant dans l'ornière tracée par l'Etat et est sur-
veillée à droite et à gauche par des sergents de
ville. Ainsi naît dans l'individu l'idée que sa vie
primordiale, qu'il tient de la nature, ne compte
pas ; que, pour entrer réellement dans l'existence,
il doit, avec l'aide de l'Etat, renaître une seconde
fois sous forme de conseiller quelconque. C'est
ainsi que dans l'Inde les membres des trois plus
hautes castes sont « dhvitchas », c'est-à-dire
doivent se soumettre, comme adultes, à une céré-
monie symbolique de renaissance consistant à
passer tout habillés de blanc, avec des rites solen-
nels, par une petite porte étroite.

Quelle pitoyable régression vers des degrés
d'évolution surmontés depuis longtemps ! Quelle
contradiction avec toutes les idées fondamentales
et les forces motrices de l'époque ! Plus un organisme est développé, et plus il est original, diffé-

rencié, plus en lui l'individu prend le pas sur l'espèce. Cette loi domine non seulement les êtres isolés, mais aussi les sociétés. Dans l'antiquité, au moyen âge, la communauté était organisée en collectivité fermée, et l'individu n'avait de valeur que comme partie du tout. Alors il n'était ni possible ni permis d'être original, mais il fallait s'adapter au plan exactement tracé de l'édifice de l'Etat, de la société, de la corporation ou de la guilde. Celui que les autorités ou les associations privilégiées n'avaient pas reçu dans leur giron, celui-là était un forain hors le droit et hors la protection de la loi. Le degré d'évolution sociale d'alors équivaut à peu près à celui d'un polypier, où les individus sont fondus ensemble, incomplètement formés, organiquement asservis, ne peuvent ni vivre ni se mouvoir par eux-mêmes, ni s'élever au-dessus d'une existence partielle subalterne et rudimentaire. Aujourd'hui nous sommes plus avancés. Nous ne formons plus un banc de coraux, mais au moins un troupeau, j'espère. Chaque individu mène une existence particulière, quoique tous aient besoin les uns des autres pour certaines fonctions. Le lien de la solidarité, qui nous unit tous, nous laisse pourtant une amplitude suffisante d'indépendance, et chacun de nous a la possibilité organique de paître à part. Cet individualisme,

la conquête des temps nouveaux, on le sacrifie
volontairement pour l'ancien collectivisme, dans
lequel l'individu n'est qu'une cellule, moins qu'un
organe, un rien palpitant et absurde. C'est en effet
là qu'on arrive nécessairement, quand on reconnaît que toute valeur et toute dignité ne peuvent
venir à un homme que par la puissance de l'Etat,
et que, pour sa place parmi les hommes, un diplôme et un brevet sont plus décisifs que sa propre
valeur, son importance intellectuelle, et des actes
qui n'ont pas été accomplis en vue du *Journal
officiel.*

Qu'est-ce que cela, l'Etat? En théorie, cela veut
dire : nous, vous. Mais, dans la pratique, c'est une
classe dominante, un petit nombre de personna-
lités, parfois une seule personne. Mettre l'estampille de l'Etat au-dessus de tout, c'est vouloir
plaire exclusivement à une classe, à quelques
personnes, à une seule personne. C'est se développer vers un but qui n'est pas indiqué par sa
nature même, mais est établi par une pensée étrangère, peut-être même seulement par un caprice
étranger. C'est renoncer à son être le plus intime
et se former d'après un modèle extérieur contre
lequel s'insurgent peut-être toutes les dispositions
et tous les penchants primordiaux. Toute la couche
intellectuelle d'une nation se transforme par cette

manière en une espèce d'ordre des jésuites qui a
fait le « sacrifice de sa raison » et renoncé à
penser avec sa propre tête et à décider avec sa
propre conscience du juste et de l'injuste. On ne
se forme pas d'après la poussée organique, mais
on se distille comme un métal liquéfié dans un
moule arrêté officiellement, et l'on met son
orgueil à être non un organisme vivant ayant une
physionomie propre, mais un banal dessus de
pendule en zinc de camelotte. Par ce procédé de
fonte, la structure cristalline d'un peuple est dis-
soute et son noyau solide détruit. La belle et
riche diversité des développements naturels cède la
place à une misérable uniformité imposée. Quand
on surprend l'individu par la question comment
il pense sur un sujet quelconque, il ne sait pas le
dire à l'improviste, mais doit courir d'abord à la
Place pour chercher le mot d'ordre du jour. Des
millions d'êtres renoncent à leur émancipation et
se soumettent, avec toutes leurs pensées et leurs
actions, à une tutelle dont bientôt même ils ne
sentent plus l'étroite tyrannie.

Qu'on ne m'objecte pas qu'il ne peut en être
autrement, et que j'ai moi-même démontré com-
pendieusement comment la grande masse est
incapable d'un travail intellectuel original et indépendant, comment celui-ci est exclusivement

accompli par les hommes exceptionnels, et transmis, par la suggestion, de l'infime minorité à l'immense majorité. Il y a précisément une énorme
différence, si le penser d'un seul ou de quelques-
uns est versé dans le cerveau de tout un peuple
par suggestion naturelle ou par contrainte et
violence. Dans l'un des cas, nul processus organique n'est dérangé ; ceux-là seuls qui sont incapables d'un penser individuel subissent inconsciemment l'influence de l'esprit supérieur et en
deviennent nécessairement les imitateurs. Dans
l'autre cas, au contraire, un développement naturel est empêché et supprimé ; même des esprits
doués et vigoureux destinés à fournir du travail
intellectuel nouveau et original et à augmenter la
richesse intellectuelle de leur peuple et de l'humanité, paralysent intentionnellement et avec un
effort de volonté conscient leur activité cérébrale,
pour pouvoir repenser intégralement la pensée
normale officielle imposée à toute la nation, et
se rendre par là dignes d'une approbation gouvernementale. C'est la même différence qu'entre
la paresse de petits enfants et la fainéantise
d'hommes en âge de produire. Celle-là est prévue,
toute naturelle, et n'occasionne aucun dommage
économique ; celle-ci réduit, quand elle est générale, un peuple à la mendicité.

Cette renonciation en masse à l'indépendance humaine facilite naturellement à un haut degré le gouvernement. Le chien ne se tient jamais aussi tranquille que quand on lui met un morceau de sucre sur le museau et qu'on lui laisse espérer que, s'il fait bien le beau, il lui sera permis de le happer. Un peuple qui n'estime un homme que quand il a reçu dans le *Journal officiel* son second baptême officiel et invite ou plutôt force par cette habitude tous ses membres quelque peu éminents à pénétrer à tout prix dans le sanctuaire de la feuille susdite, un tel peuple est absolument dans la main de son gouvernement, c'est-à-dire de sa classe dominante. Cette pensée : « Qu'en dira-t-on en haut lieu ? » accompagne constamment tous ses citoyens, et les épie par-dessus l'épaule dans leurs travaux, leurs projets et leurs conversations les plus secrets. Incessamment surveillé par cet espion, le citoyen perd l'habitude nécessaire et féconde d'être seul avec soi-même et avec sa propre conscience, et devient aussi hésitant, aussi cabotin, aussi courtisan qu'on doit le devenir, quand on se sait constamment observé par un témoin vétilleux. Mais le gouvernement a naturellement le plus grand intérêt à entretenir une telle situation. Elle empêche les résistances incommodes de la pensée publique. Elle met un grand pays aux pieds d'un

ministre et de quelques chefs de bureau. Elle
abaisse les hommes indépendants au rang de
citoyens de seconde classe marqués d'une tache,
puisqu'ils ne peuvent jamais s'élever au niveau des
hommes complets ornés de titres et de décorations, et donne à toute opposition politique contre
le gouvernement, aux yeux de la foule, le caractère d'une malhonnêteté, le caractère d'un acte qui
enlève à son auteur les droits honorifiques regardés comme les plus précieux : ceux de colorer un
jour sa boutonnière d'un ruban, de couronner
son nom d'un titre.

C'est là un état de choses non seulement déplo-
rable, non seulement immoral, mais aussi des
plus dangereux pour l'avenir d'un peuple. J'ai lu
dans Vasari, je crois, que Michel-Ange, après avoir
travaillé vingt-deux mois de suite à la voûte de la
Chapelle Sixtine, était tellement habitué à lever
les yeux en haut, qu'il ne pouvait plus regarder
droit devant lui, ou à gauche et à droite, comme
un homme naturel, mais devait tenir à deux
mains au-dessus de ses yeux même l'écriture qu'il
voulait lire. La même chose advient à un peuple
qui a pris l'habitude de toujours loucher en haut,
toujours vers les chefs du gouvernement. Il perd
l'aptitude de voir librement autour et au devant
de lui ; il désapprend d'apercevoir les dangers

qui viennent sur ses flancs. Les hommes qui, dans
ce peuple, travaillent ou prétendent travailler
pour le bien public, ne remarquent ni leurs voisins ni l'effet de leurs paroles et de leurs actions
sur ceux-ci, mais n'ont dans tout leur horizon
artificiellement rétréci que l'image d'une personnalité ou d'un groupe aux lèvres et aux sourcils
desquels ils restent suspendus comme des pan-
tins. Ils ne voient plus la chose publique et leur
but n'est pas de lui être utile et de lui plaire,
mais d'obtenir du personnage puissant un signe
de main ou un sourire de condescendance.

Je sais bien ce qu'on dit d'ordinaire en faveur
d'un tel état de choses. Il faciliterait ou même
rendrait seulement possible la concentration de
toute la force populaire pour de grandes actions,
il empêcherait son éparpillement en cent directions, favoriserait un acheminement sûr et conscient du but des destinées nationales. Dans un
pays où l'on n'estime le citoyen que lorsqu'il a
été visiblement distingué par la collectivité repré-
sentée par le gouvernement, le citoyen se sent
aiguillonné à consacrer ses forces à la collectivité
et à bien mériter d'elle ; l'égoïsme est combattu et
l'esprit public cultivé ; une étroite solidarité relie
tous les membres de la nation, et la rude discipline sans laquelle même les plus puissants efforts

des masses restent stériles, devient un trait de caractère fondamental du peuple. Voilà ce que l'on dit; mais c'est là un sophisme, du premier au dernier mot. La force d'une collectivité repose en effet en dernière analyse sur la force de ses parties constitutives. Celles-ci sont-elles faibles, toute concentration, toute discipline et toute subordination à une direction unique ne les rendent pas fortes. Mille moutons ont beau pratiquer une extrême solidarité, ils ne pourront jamais résister à un seul lion et à plus forte raison devenir dangereux pour lui. Quand dans une nation on rabougrit et déracine systématiquement l'indépendance virile, quand on écrase par une pression violente les caractères, il ne subsiste finalement plus un organisme populaire vivant, mais seulement une poussière atomique qu'un enfant peut percer du doigt en jouant. L'être original ne parvient pas à son développement, la diversité disparaît, les sources de la vérité, qui jaillissaient pour le peuple de mille têtes particulières, tarissent, et d'une extrémité du pays à l'autre on ne rencontre plus que des copies de colportage d'une unique figure, officiellement proclamée le seul type national authentique et correct.

Dans des conjonctures pacifiques, un peuple peut longtemps subir une pareille décadence, sans

avoir conscience de sa situation inquiétante et
sans voir l'abîme sur le bord duquel il se promène.
Il peut aussi avoir le bonheur d'être gouverné par
un esprit puissant et éclairé qui se propose de
hautes tâches et accomplit de grandes actions.
Alors tout va à peu près bien, les plats intrigants
triomphent, le succès donne raison à ceux qui
demandent au peuple de laisser une seule tête
penser et un seul bras agir pour lui, et la brigue
universelle de la bienveillance gouvernementale,
qu'on n'obtient que par un retour sans réserve à la
manière de voir de ce ministre (Rochow) pour lequel
« l'esprit de tout sujet est naturellement borné »,
semble réellement assurer le salut de l'État. Mais
le génie lui-même ne vit pas éternellement, chaque
génération n'en produit pas un nouveau, et même
le plus grand peuple n'est pas sûr d'avoir toujours
à la tête de son gouvernement des hommes
extraordinaires. L'histoire enseigne que, dans le
conseil des puissants, la « quantité imperceptible de
sagesse » dont parle le chancelier suédois Oxen-
stiern, est beaucoup plus fréquente qu'une grande
force intellectuelle. Qu'est-ce, quand la médiocrité
ou même la stupidité, la légèreté, l'égoïsme, la
prévarication, le vice bas, s'emparent des destinées du peuple ? La vieille habitude de laisser le
gouvernement penser et agir pour soi et de véné-

rer ses vues comme des oracles infaillibles, cette
habitude persiste, car elle est devenue organique ;
la foule continue à regarder seulement le conseiller
comme un homme complet et un citoyen de première classe ; les couches cultivées de la nation
continuent à faire la chasse aux titres et aux décorations ; le gouvernement continue à ne départir
ses faveurs qu'à ceux qui l'applaudissent. Ceux
donc qui aspirent à la considération de la foule,
continuent à se pâmer d'admiration et d'adoration
devant l'autorité supérieure ; la critique se tait, la
résistance des quelques indépendants est sans
effet, et en pleine idylle d'un gouvernement content de lui-même et d'une obéissance admirative,
peut fondre, sans avertissement, du jour au lendemain, la catastrophe la plus épouvantable. Alors
se montrent les conséquences du système de
l'adoration universelle des ministres. On a désappris à songer à la chose publique et à chercher
dans sa propre intelligence et dans son propre
sentiment ce qui pourrait lui être propice ; on n'a
plus pensé qu'au gouvernement, et confondu
celui-ci avec le peuple, avec la patrie ; on s'est
habitué à pratiquer la flagornerie en vue des
récompenses et des distinctions, non à obtenir
l'estime et le contentement de soi-même par le
déploiement libre de son être intime ; aussi le

malheur trouve-t-il le peuple entier non préparé
et désarmé, et celui-ci périt définitivement, s'il ne
renferme pas encore dans ses profondeurs des
éléments sains et primesautiers, qui ont pu suivre
leurs propres voies de développement, parce qu'ils
ne se sont jamais souciés de titres et de distinctions, et dont la solidité indestructible répare,
aux heures d'extrême danger, tous les crimes d'un
gouvernement idiot et d'une élite rampante.

Une nation qui entoure l'annuaire officiel d'une
vénération idolâtre n'a que ce qu'elle mérite,
quand on lui impose le cheval Incitatus comme
sénateur. C'est elle-même qui cultive ses oppres-
seurs et ses émasculateurs. C'est ainsi qu'il arrive
que l'on s'endort à Rossbach et que l'on se réveille
à Iéna.

VI

NATIONALITÉ

Si l'on ne savait pas comme la subjectivité domine complètement notre penser ; comme une représentation erronée que nous nous sommes faite d'un phénomène, rend notre conscience incapable de percevoir exactement ce phénomène et de remarquer les différences entre lui et l'image intérieure que noùs en avons ; si, en un mot, on ne savait pas combien le préjugé est plus tenace que le jugement et la légende plus puissante que la vérité, on ne comprendrait pas qu'il puisse y avoir aujourd'hui des gens qui tiennent la question des nationalités pour une erreur du temps et une affaire de mode, et la qualifient en tout sérieux de mystification qui, sans doute, s'est emparée de beaucoup de têtes, mais n'en sera pas moins oubliée en peu de temps. Il existe réellement une école de gens qui ont le courage de se dire des hommes d'État et osent prétendre diriger les destinées des peuples, et cette école professe que la question des nationalités a été simplement inventée par Napoléon III pour préparer des difficultés intérieures aux États étrangers et former au sein de ceux-ci des zélateurs et des appuis de son inquiète politique d'aventures. Une seule considération peut retenir des hommes raisonnables de qualifier d'imbéciles désespérés les prétendus hommes d'Etat qui parlent ainsi : c'est qu'ils appartiennent sans exception à des pays ou à des peuples pour lesquels l'éveil de la conscience nationale devient dangereux, et qu'en conséquence leurs désirs et leurs passions, la crainte de l'avenir, la haine des nations qui tendent à s'élever et la colère qu'ils ressentent de la perte imminente de leurs privilèges usurpés, les empêchent d'observer et d'interpréter les faits. On les rencontre en France, à laquelle l'unité de l'Allemagne et de l'Italie a enlevé sa situation dominante en Europe ; en Autriche-Hongrie, où des peuples opprimés réclament leurs droits ; en Belgique, où les Flamands arrachent par des menaces leur émancipation aux Wallons. Ceux dont la préoccupation d'intérêts personnels n'obscurcit pas l'intelligence, reconnaissent que l'éveil de la conscience nationale est un phénomène qui apparaît nécessairement et naturellement à un point déterminé de l'évolution humaine, chez l'individu comme chez la masse, et qu'on ne peut pas plus retarder et

surtout empêcher, que le flux et reflux de la mer
ou la chaleur du soleil en plein été. Les gens qui
assurent aux peuples qu'ils cesseront bientôt d'affirmer leur nationalité, sont à la même hauteur
intellectuelle que l'enfant qui dit à sa mère :
« Va ! quand tu seras un petit enfant, moi aussi je
te porterai. »

Sur quoi est fondée la nationalité ? Quel est son
signe caractéristique ? On a beaucoup discuté à ce
sujet et répondu diversement à la question. Les
uns accentuent l'élément anthropologique, c'est-à-
dire l'origine. L'erreur est si palpable, qu'on
éprouve de la répugnance à la réfuter. Je ne crois
pas, à vrai dire, à l'unité de la race humaine ;
je crois que les diverses races principales représentent des sous-genres de notre espèce, et que
leurs différences morphologiques et chromatiques
ne sont pas de simples phénomènes d'adaptation
et des conséquences de la transformation d'un
type originairement unique sous des influences
locales, mais s'expliquent par la diversité de
l'origine ; il me semble qu'entre un blanc et un
nègre, entre un Papou et un Indien, la parenté
n'est pas plus grande qu'entre un éléphant afri-
cain et un éléphant indien, entre un bœuf domes-
tique et un zébu. Mais au sein d'une même race,
notamment dans la race blanche, les différences

ne sont sûrement pas assez importantes pour jus-
tifier une séparation tranchée et une délimitation
aiguë de types nationaux particuliers. Dans chaque
peuple blanc il y a des individus grands et petits,
aux cheveux clairs et foncés, aux yeux bleus et
noirs, dolicho- et brachycéphales, de tempérament
flegmatique et de tempérament vif, et quand
bien même les uns prédominent dans ce peuple et
les autres dans cet autre, toutes leurs marques
physiques et intellectuelles n'ont cependant pas
une signification assez tranchée pour qu'elles caractérisent un individu si indubitablement comme
appartenant à un peuple déterminé et à nul autre,
que, par exemple, la peau noire, la forme du visage
et les cheveux crépus caractérisent le nègre comme
appartenant à une race déterminée. Les essais
souvent tentés pour trouver un type moyen à
chaque peuple, sont dépourvus de valeur scienti-
fique ; la description de ce type peut former une
lecture agréable et l'amour-propre se sentir flatté
devant son tableau, mais ce n'est qu'une fiction.
En tant que les traits d'un tel type ne sont pas
arbitrairement imaginés, ils consistent en extériorités non innées chez l'homme, mais à lui incul-
quées et qu'il peut encore dépouiller dans
l'âge mûr ; que d'ailleurs il n'acquiert pas quand
il est transporté, enfant, dans un milieu exotique

8.

et exposé aux influences d'une ethnie étrangère.
Chamisso, l'auteur de *Pierre Schlémihl*, qui était
déjà un garçon à demi formé alors qu'il ne savait
pas un seul mot d'allemand, est devenu un homme
et un poète aussi allemand que peuvent l'être ceux
qui prétendent que dans leurs veines coule le sang
des anciens Germains, les hôtes de Tacite [1] ; Miche-
let, non l'enthousiaste français, mais le philosophe
allemand, montre les traits intellectuels que l'on
déclare spécifiquement germaniques : la profondeur, le sérieux moral, même l'obscurité ; l'ai-
mable penseur Jules Duboc, fils de père et mère
français pur sang, se distingue par un idéalisme
particulièrement allemand ; Du Bois-Reymond est
le modèle d'un savant allemand ; Théodore Fon-
tane, dans sa contemplation de la nature et son
analyse des âmes, n'est pas seulement Allemand
en général, mais même Allemand du Nord, etc.
Chaque autre peuple européen nous offre des phénomènes analogues. Qui prétendra que Louis
Ulbach et Eugène Müller (l'auteur de *La Mion-
nette*), que Spuller, que M. Dietz, ne sont pas des
Français exemplaires ? Qui ne retrouve pas dans

(1) Le lecteur nous permettra de le renvoyer à ce sujet
à l'étude sur Chamisso qui précède notre traduction de
l'*Histoire merveilleuse de Pierre Schlémihl, ou l'Homme
qui a vendu son ombre*. (Librairie L. Westhausser, 1888.)

(Le Traducteur.)

Hartzenbusch et dans Becker tous les traits qui caractérisent les poètes espagnols ? Qu'y a-t-il, à part son nom, de non anglais chez Dante-Gabriel Rossetti ? On n'a pas besoin d'être lié à un peuple par une seule goutte de sang, et il suffit d'être élevé et de vivre au milieu de lui, pour en prendre le caractère avec toutes ses qualités et tous ses défauts. Si quelques écrivains ou artistes semblaient incarner une contradiction à cette affirmation, nous aurions encore à rechercher si eux et nous n'étions pas sous l'influence de deux sources d'erreurs difficiles à éviter. Il est clair, en effet, que nous succombons facilement au penchant de chercher, par exemple, dans Chamisso, des traits que nous imputons arbitrairement aux Français, et que nous les y trouvons aussi, puisque nous savons avec quelle prestesse nous transformons les phénomènes dans le sens de nos opinions préconçues ; d'autre part, il est assez naturel aussi qu'un poète ou un artiste d'origine étrangère vivant, par exemple, en Angleterre, ait constamment dans la tête l'idée de la patrie de ses aïeux, et s'imagine qu'il doit avoir des particularités rappelant ce pays ; sous la suggestion qu'exerce sur lui cette idée, il modifiera inconsciemment son être, prendra toutes sortes de manières artificielles et cherchera à devenir semblable à l'image qu'il se fait d'un indigène de son pays d'origine ; le plaisant de l'affaire, c'est qu'ensuite il ne montrera pas les qualités possédées véritablement par le peuple en question, mais celles que le préjugé anglais attribue traditionnellement et erronément à celui-ci.

Ce n'est donc pas l'origine qui donne à l'homme sa nationalité déterminée. Les descendants des huguenots émigrés dans la Marche de Brandebourg sont devenus d'excellents Allemands, et ceux des colons hollandais du Nouvel-Amsterdam, des Américains du Nord irréprochables. Les guerres, les migrations en masse et le mouvement des individus ont embrouillé dans un pêle-mêle méconnaissable les différents éléments populaires peut-être assez distincts originairement, et la législation de tous les Etats civilisés montre combien peu d'importance elle attache à la parenté du sang, en rendant possible aux étrangers de se faire « naturaliser », c'est-à-dire de devenir pleinement citoyens d'un Etat qui leur est originairement étranger, avec les droits et les devoirs de tous les autres membres de ce peuple.

Le fondement anthropologique de la nationalité n'étant pas défendable, on a tenté de lui en donner un historique et légal. On a dit : ce qui fait les hommes membres d'une seule et même nation, c'est un passé commun, des destins communs, la

vie en commun sous le même gouvernement et
sous les mêmes lois, le souvenir d'égales souffrances et d'égales joies. Cette thèse permet de
jolis développements oratoires, mais n'en est pas
moins purement sophistique et est dédaigneuse-
ment réfutée par les faits. Demandez à un Ruthène
de la Galicie s'il se sent Polonais, bien que les
Ruthènes partagent depuis plus de mille ans, et
même aussi loin qu'on peut remonter dans l'histoire, les destinées, les lois et les institutions
politiques des Polonais. Ou bien informez-vous
auprès d'un Finnois, ou d'un Suomi, comme il se
nommera lui-même, s'il croit qu'il appartient à
la même nationalité que le Suédois finlandais
avec lequel il forme également, depuis plus de
mille ans, un seul peuple politique. Assurément,
la communauté des lois et des institutions, et surtout des habitudes d'existence, des mœurs et des
usages, amène nécessairement des rapproche-
ments de nature à éveiller un certain sentiment
de solidarité ; comme, à l'inverse, il est à peine
douteux que les Juifs, par exemple, sont regardés
comme étrangers par les peuples au milieu desquels ils vivent, avant tout parce qu'ils restent
attachés avec un aveuglement et une opiniâtreté
inconcevables à des coutumes extérieures — com-
put du temps, célébration des jours de repos e

fêtes, lois alimentaires, choix des prénoms, etc. —
qui diffèrent complètement de celles de leurs
compatriotes chrétiens, et sont de nature à tenir
constamment éveillé en ceux-ci le sentiment d'une
antinomie et d'une séparation. Mais cette communauté n'est en aucun cas suffisante pour former
de différents peuples un seul peuple, et pour donner
une nationalité aux membres d'un Etat.

Non, tout cela n'est qu'artifices rusés, que la
vérité dissipe comme une bulle de savon. L'individu ne porte que très rarement son origine physique inscrite sur le front ; en règle générale, on
ne peut la reconnaître ni la démontrer chez lui. Il
ne la sent pas de lui-même et d'une façon élémentaire, et ce qu'on radote au sujet de la voix
du sang est une billevesée d'auteurs de mauvais
mélodrames faubouriens. Les lois et les institutions ne déterminent pas non plus la nationalité,
quoiqu'on ne puisse nier leur influence sur la formation du caractère de l'homme. Ce qui seul la
détermine, c'est la langue. Par elle seule, l'homme
devient membre d'un peuple ; elle seule lui donne
sa nationalité. Qu'on se représente donc bien l'importance de la langue pour l'individu, la part de
celle-ci à la formation de son être, de son penser, de son sentiment, de toute sa physionomie
humaine ! Par la langue, l'individu prend la ma

nière de voir du peuple qui l'a formée et développée et lui a confié et organiquement enchâssé les
plus secrets mouvements de son esprit, les plus
délicates particularités de son monde de représentations. Par la langue, il devient enfant adoptif et
héritier de tous les penseurs et poètes, de tous les
éducateurs et guides du peuple ; par la langue, il
tombe sous l'effet de la suggestion universelle que
la littérature et l'histoire d'un peuple exercent sur
tous ses membres, en les rendant tous semblables
par la façon de sentir et d'agir. La langue est en
réalité l'homme même. C'est par son intermédiaire
qu'il perçoit les traits les plus nombreux et les
plus importants du phénomène universel, et elle
est l'outil capital au moyen duquel il réagit sur le
monde extérieur. Parmi des millions d'êtres, un
seul pense par lui-même et élabore les impressions
des sens en représentations personnelles ; les millions d'êtres, eux, repensent à la suite ce qui a été
pensé pour eux, et ce qui leur est seulement accessible par la langue. Parmi des millions d'êtres, un
seul agit et rend sensibles ses représentations par
des actions impérieuses sur les hommes et la
nature ; les millions d'êtres, eux, se bornent à parler et à extérioriser par la parole leurs processus
intellectuels. La langue est en conséquence le lien
de beaucoup le plus fort qui puisse unir les hommes

entre eux. Des frères et sœurs qui ne connaîtraient
pas la même langue, seraient infiniment plus
étrangers les uns aux autres que deux personnes
tout à fait étrangères qui se rencontrent pour la
première fois et échangent un salut dans la même
langue maternelle. Nous l'avons vu et continuons
à le voir constamment de nos yeux : les Anglais
et les Américains du Nord se sont fait la guerre et
ont eu assez souvent des intérêts opposés, mais,
vis-à-vis les non Anglais, ils se sentent *un*, ils se
sentent fils de la « plus Grande-Bretagne ». Les
Flamands et les Hollandais se battirent en 1831
avec acharnement, et maintenant ils sont sur le
point de conclure de nouveau une alliance frater-
nelle. Quand les Boers combattirent contre les
Anglais, ou se défendirent contre les entreprises
politiques de l'Angleterre, le cœur des Néerlandais
battit avec une émotion douloureuse ou enthousiaste, bien que depuis près d'un siècle tout rapport politique ait cessé entre la Hollande et le
Cap. La grande différence de lois, de mœurs, de
nationalité politique et de souvenirs historiques
entre la France, la Suisse et la Belgique, n'a pas
empêché les Suisses et les Belges français, en
1870, de prendre passionnément parti pour les
Français ; et bien qu'en Norvège on ait haï pendant des siècles la domination danoise, qu'on se

fût finalement affranchi d'elle et qu'aujourd'hui
encore on ne juge pas d'une façon particulièrement
favorable les Danois, on vit cependant, à l'époque
de la guerre du Schleswig-Holstein, des Norvégiens
accourir avec enthousiasme au secours de ces derniers, avec qui ils n'avaient rien de commun que la
langue. Seulement, ce « rien » est précisément tout.

A un degré de développement des peuples
depuis longtemps dépassé, la langue pouvait avoir
pour l'individu comme pour l'Etat, une moindre
importance. C'était à une époque où la masse de
la nation était sans droits et corvéable, et où seule
une toute petite minorité se trouvait en possession de la puissance. L'homme de basse condition
n'avait pour ainsi dire alors pas besoin de langue.
A quoi en effet lui aurait-elle servi? Tout au plus
à gémir ou à maudire dans sa hutte, ou à faire
dans la taverne de grossières plaisanteries. Il
n'entrait jamais en contact avec d'autres hommes
que ses compagnons du village, qui d'ailleurs
parlaient la même langue que lui ; quant à voya-
ger à l'étranger ou à voir chez soi des étrangers,
ce n'était pas l'usage. L'instrument de gouvernement était le fouet, dont le laconisme se faisait
comprendre sans grammaire ni dictionnaire ; des
écoles, il n'y en avait pas ; en matière de justice,
l'homme du peuple cherchant à obtenir son petit

droit ne parvenait jamais à vider par la parole
vivante son cœur devant le juge, mais devait char-
ger un avocat de soutenir sa plainte ; l'administration ne condescendait à aucun échange de propos
et de réponses avec les sujets ; même à l'église, le
peuple ne pouvait laisser déborder son cœur sur
ses lèvres, car le catholicisme présentait son Dieu
comme un grand seigneur étranger abordable
seulement en une langue étrangère, — le latin, —
par l'intermédiaire de prêtres savants en cette
langue. Pour l'individu il n'y avait ni nécessité ni
même possibilité de sortir de l'étroitesse des conditions héréditaires, et d'agir sur des cercles éten-
dus par le secours de la parole. Mais là où,
comme dans les communes des villes, il existait
cependant une certaine autonomie, et où les
bourgeois avaient occasion de délibérer et de
décider de leurs affaires, la question de la langue
prit immédiatement une grande importance, et la
bourgeoisie, quand elle appartenait à différents
idiomes, se sépara d'après sa langue en nationalités qui se disputaient avec le plus grand acharne-
nement la suprématie. Pour le noble la langue
n'avait, par suite d'autres raisons, aucune importance. Sa part au pouvoir lui était assurée par la
naissance, et il était maître et seigneur sans ouvrir
la bouche ou sans tremper une plume. (Ne peut-

il pas se produire de nos jours encore, en Angleterre, où les institutions sont pénétrées de tant de survivances du moyen âge, qu'un Hollandais, descendant d'un Écossais émigré depuis plusieurs générations, lord Reay, devienne soudainement, par l'extinction de la souche mâle de sa famille restée dans le pays, pair d'Angleterre et membre de la chambre des lords, c'est-à-dire ait une part dans le pouvoir législatif du royaume britannique, sans qu'il ait besoin d'être citoyen anglais et de savoir un mot d'anglais!) Et, dans les quelques cas où les manifestations publiques étaient nécessaires, le noble se servait de la langue latine, qu'il possédait lui-même, ou bien que le clerc, son secrétaire, savait manier.

Dans de telles conditions, la nationalité était quelque chose de subordonné, parce que sa marque principale, la langue, l'était aussi. Aujourd'hui on a partout dépassé cela, même en Russie et en Turquie. L'individu est devenu majeur et a le droit, même s'il appartient à la plus basse classe, de s'élever au-dessus du rang où le hasard de la naissance l'a placé. La justice est devenue verbale, l'administration accessible aux hommes, et celle-ci daigne donner des explications au citoyen ; à l'école, dans l'armée, il est parlé à chaque membre du peuple et chacun doit répondre ; le protestantisme a appris à la masse à parler à son Dieu dans sa propre langue et à demander à la chaire, dans cette même langue, des enseignements et des exhortations. Pour chaque carrière, le maniement de la parole est devenu nécessaire ; même le plus haut personnage, même le monarque ne peut, dans maintes circonstances importantes, se passer de la facilité de parole. et toutes les institutions de la commune et de l'État exigent l'emploi constant du libre discours. Dans ces conditions, la langue acquiert une énorme importance, et chaque entrave mise à son droit de se servir de sa propre langue, chaque coercition pour s'exprimer dans une langue étrangère, est ressentie par l'individu comme une honte et une violence intolérables.

Ce que signifie en réalité la question des nationalités, celui-là n'en a aucune idée, qui reste tranquillement établi au milieu de ses compatriotes en qualité de citoyen d'une commune et d'un État nationalement unitaires, et qui ne peut jamais se trouver dans le cas de rougir de sa langue ou de la renier. Pas plus que d'une douleur physique jamais éprouvée, la description et le récit ne sont capables de donner une idée réelle de la fureur et de la confusion ressenties par un homme dans une situation pareille. Celui-là seul

peut parler sur ce sujet, qui est né dans un pays
où sa nationalité est en minorité et opprimée, où
sa langue n'est pas la langue d'État, et où il se voit
forcé d'apprendre une langue étrangère dont il ne
se servira jamais qu'à la manière d'un étranger,
s'il ne veut pas renoncer à jamais à toute affirmation un peu supérieure de sa personnalité, à toute
carrière meilleure, à tout exercice de ses droits
civiques dans la commune et dans l'État, absolument comme un serf du moyen âge ou comme un
condamné criminel du temps présent. Il faut avoir
passé par là soi-même, pour savoir ce qu'éprouve
celui qui, dans son propre État, est dépouillé de
ses droits d'homme primordiaux, et forcé de cour-
ber le front dans la poussière devant une nationalité étrangère. Qu'est-ce que la privation des
droits honorifiques que connaissent certaines
législations étrangères comme forme de punition
judiciaire, en regard de la privation de son propre
idiome ? Qu'est-ce que l'enchaînement des mains
et des pieds, en regard de l'enchaînement de la
langue ? On voudrait sortir de soi, et on est
enfermé en soi. On sait qu'on pourrait être éloquent, et l'on en est réduit à pitoyablement bal-
butier dans une langue étrangère. On se voit
privé du plus puissant moyen d'action sur les
autres, et on se sent paralysé et mutilé.

Un homme digne de ce nom n'acceptera jamais volontairement de telles conditions. Qui pourrait renoncer sans résistance à sa propre personnalité ? Qui pourrait consentir à se résigner à une vie privée de l'attribut le plus important de la vie : la possibilité de rendre sensibles les processus vitaux intérieurs, le sentiment et la pensée ? Je comprends l'Hindou croyant qui se jette sous les roues du char de Djaggernat et se fait écraser ; il ne pense pas sacrifier son individualité, mais aspire au contraire, dans une vie future, à un plus riche épanouissement de celle-là. Je comprends aussi le fakir, qui renonce volontairement à l'usage d'un membre et végète des années entières jusqu'à sa mort comme demi-homme ou homme-plante ; il trouve une incitation et une récompense dans les idées qu'il se fait des conséquences pour le salut de son âme, de sa renonciation agréable à Dieu. Mais je ne comprends pas les transfuges qui renoncent à leur nationalité, qui consentent à accepter une langue étrangère et à l'écorcher toute leur vie, au milieu des moqueries des autres et de leur perpétuelle confusion à eux-mêmes. Ceux qui font un tel sacrifice par lâcheté, par faiblesse ou par stupidité, provoquent à la rigueur encore la pitié. Mais ineffablement répugnants sont ceux qui rejettent loin d'eux leur

langue, c'est-à-dire leur « moi-même », l'extériori-
sation de leur « moi » pensant, et s'insinuent dans
une peau étrangère, pour obtenir des avantages.
Ils sont au-dessous des affreux « skoptzi », ces
Russes qui se châtrent eux-mêmes ; car ceux-ci se
dévirilisent du moins en vertu d'une conviction
religieuse, tandis que ces renégats-là se laissent
faire eunuques intellectuels pour de l'argent et
pour l'équivalent de l'argent. Il n'y a pas de mot
pour qualifier exactement une pareille abjection
du caractère.

Disons-le à l'honneur de l'humanité : ces éhontés
transfuges ne forment partout qu'une minorité.
La majorité tient ferme à sa langue et défend sa
nationalité comme sa vie. La race dominante
peut édicter des lois faisant de sa langue la langue
de l'Etat, et ravalant celle de la nationalité opprimée à un bas jargon de charretiers et de valets,
exclu de l'école et de l'église, de la salle du tribu-
nal et de celle des assemblées ; si cette langue est
développée, si dans un autre pays elle est la
langue dominante, si elle possède une littérature
et sert quelque part dans le monde aux plus
hautes manifestations de l'esprit humain dans la
politique et dans la science, elle ne capitule jamais
devant ce déshonneur. La nationalité violentée
devient alors l'ennemie mortelle de sa persécu-

trice, elle mord avec fureur le poing qui cherche
à la bâillonner, elle crie au secours, parce qu'on
ne veut pas la laisser parler, et tente avec un
effort désespéré de faire sauter un édifice politique qui, au lieu de lui offrir un abri, est pour
elle une inhumaine prison.

On n'amène par aucune persuasion un homme
d'une intelligence saine à se laisser guillotiner ;
c'est ce qu'a déjà établi un humoriste français ;
et l'on ne peut déterminer par les lois aucune
nationalité qui s'est développée jusqu'à la conscience d'elle-même, à renoncer à sa langue et à
son génie propre. Un Etat qui renferme plusieurs
nationalités est en conséquence condamné à des
luttes intestines impitoyables auxquelles il n'y a
que des solutions radicales.

Une de ces solutions radicales serait la décentralisation la plus étendue, qui a été proposée par
un certain nombre d'hommes politiques. Mais,
jusqu'à nouvel ordre, celle-ci n'est qu'imaginable
en théorie, non exécutable en pratique. Qu'on se
représente en effet jusqu'où une décentralisation
devrait aller, pour donner satisfaction à toutes les
nationalités d'un Etat dont les fondements ne
reposent pas sur l'unité nationale. Cela présuppose
que chaque citoyen, à quelque nationalité qu'il
appartienne, puisse se donner pleinement carrière

dans toutes les directions et sur tous les terrains,
exercer tous ses droits d'homme et de citoyen,
sans être obligé de se servir d'une autre langue
que de sa langue maternelle. En conséquence,
non seulement l'administration depuis le bureau
de poste du village jusqu'au ministère, non seulement la justice depuis le juge de paix jusqu'à la
cour de cassation, devraient fonctionner dans
toutes les langues du pays ; on devrait aussi pouvoir se servir dans les corps représentatifs de la
commune, de la province et de l'Etat, de toutes
les langues du pays ; on devrait établir des écoles
primaires, secondaires et supérieures pour chaque
race ; on devrait pouvoir parvenir, par la culture
littéraire de sa langue maternelle, à tous les honneurs et avantages officiels et académiques qui
constituent la récompense d'une telle activité ;
bref, aucun citoyen ne devrait être forcé d'apprendre une langue étrangère, pour obtenir ce
qui est accessible sans cette obligation à n'importe quel autre habitant du même pays. Mais
ce sont là des exigences inexécutables en pratique.
Ce serait dissoudre l'Etat en atomes qui ne se
rattacheraient plus les uns aux autres par le
moindre lien sensible. Une aussi complète égalité
de droits de différentes races au sein du même
Etat est peut-être possible là où vivent à côté

9.

l'une de l'autre seulement deux nationalités à peu
près d'égale force, comme en Belgique ; mais non
dans un Etat renfermant dix ou douze nationalités, comme, par exemple, l'Autriche-Hongrie ;
non là où les races sont inégales en nombre et en
culture, et, au lieu de former des masses com-
pactes, s'enchevêtrent en un éparpillement étrange
les unes dans les autres ; où souvent un village
comprend trois ou quatre nationalités et langues,
et un arrondissement plus encore. Un pareil Etat
ne peut se passer d'une langue d'Etat ; mais alors
la race dont la langue est la langue officielle et
prépondérante, devient la race dominante ; l'égalité de droits est détruite, les autres races sont
lésées et rabaissées à une existence inférieure ;
il se crée des citoyens intégraux et des demi-ci-
toyens, il y a des habitants auxquels la loi délie la
langue, et d'autres que la même loi condamne au
mutisme ; le conte allemand des sept corbeaux,
dans lequel une jeune fille ne peut pendant sept
ans prononcer un seul mot, devient une institution
politique, et les habitants privés de leurs droits
humains les plus simples et en même temps les
plus hauts, se trouvent dans les conditions intolérables qui viennent d'être décrites.

Il y a des politiques rêveurs qui croient sérieu-
sement que l'humanité civilisée se trouvera un

jour dans une condition qui ne rendra pas plus longtemps nécessaires les grandes formations d'Etats. Dans cette condition, il n'y a plus de guerres ni d'affaires extérieures ; les hommes forment de grands groupes, en quelque sorte des familles élargies ou des communautés d'une étendue modérée, au sein desquelles l'individu jouit de toute sa liberté de développement, et dont tous les membres se garantissent mutuellement tout l'appui moral et matériel dont l'homme ne peut se passer dans son existence ; chaque groupe est indépendant de l'autre, et seulement s'il s'agit d'entreprises qui sont à la fois nécessaires et utiles à plusieurs groupes et ne peuvent être exécutées par un seul, tous ceux qui ont intérêt à l'entreprise en question s'entendent pour un accord passager et spécial au but à atteindre. Dans une telle condition de l'humanité, il n'y aurait plus, naturellement, de question de nationalité, parce que les groupes indépendants pourraient être tellement petits, qu'ils se composeraient uniquement de membres d'une seule langue ; mais avant que je croie à la réalisation de cette vision de l'avenir, j'admettrai plutôt encore que les hommes, au cours de leur évolution organique, arriveront un jour à n'avoir plus besoin, pour rendre sensibles leurs états de conscience, du langage ou d'un mouvement symbolique en général, mais que les mouvements moléculaires d'un cerveau se communiqueront directement aux autres cerveaux par une sorte d'irradiation ou de transmission continue. J'accorde à ce développement progressif mystique le même degré de vraisemblance qu'au développement régressif rêvé de l'Etat national à la commune indépendante. Pour n'affliger personne, je dirai que ce degré de probabilité est très grand, mais j'attends en échange la contre-concession légitime que l'atteinte de l'un ou l'autre de ces buts demandera encore beaucoup de temps, beaucoup plus, en tout cas, que peuvent et veulent l'accorder les nationalités aujourd'hui opprimées. Celles-ci se laisseront aussi difficilement déterminer à accepter une langue universelle. Il se peut que les individus hautement cultivés de l'humanité entière se servent dans un lointain avenir d'une langue commune, pour entrer ensemble en commerce d'idées. Mais il est difficile de croire que des populations suffisamment étendues posséderont jamais cette langue classique de la culture universelle, de manière à être gouvernées et administrées par son aide. Dans leurs fonctions intellectuelles les plus importantes, quand ils initient la jeunesse aux secrets de la science, quand ils engagent leurs concitoyens à des résolutions graves, quand ils émettent le verdict de leur conscience pour condamner ou acquitter, les membres éminents d'un peuple ne déguiseront jamais leurs pensées sous un langage étranger qui déforme nécessairement leur physionomie particulière et enserre leur liberté de mouvement.

Après avoir écarté toutes les autres solutions radicales, il n'en reste plus qu'une, la plus radicale de toutes : la violence. De mauvais arrangements et des essais de compromis boiteux ne résolvent rien. Quand il s'agit d'un bien primordial comme la langue, d'une partie essentielle de la personnalité même, on ne peut faire de concessions, on doit opposer à chaque proposition de renonciation la réponse raide : Rien ou tout ! La lutte pour la langue est une autre forme de la lutte pour la vie et doit être menée comme celle-ci ; on tue l'ennemi ou l'on est tué par lui, ou l'on fuit. La lutte des nationalités est le déroulement d'un fait qui a commencé il y a des siècles, quelquefois il y a des milliers d'années, et qui pendant tout ce temps était resté en quelque sorte dans la torpeur, mais qui maintenant sort enfin de son engourdissement et marche à grands pas vers le dénouement. Comment est-il donc arrivé que différentes nationalités se sont glissées les unes dans

les autres ? Un peuple pénétra en conquérant dans
le foyer d'un autre, et ne chassa celui-ci qu'en
partie ; il resta, au milieu des vainqueurs, des
îlots du peuple vaincu ; ou bien le peuple conquérant était moins nombreux et ne se répandit au-
dessus des vaincus que comme une couche mince
de recouvrement. La lutte doit dans ce cas-là être
reprise aujourd'hui là où elle s'assoupit au temps
de la conquête. Le peuple conquérant doit faire le
dernier effort et repousser complètement le peuple
conquis ou le tuer intellectuellement, en le pri-
vant par la force brutale de sa langue ; à moins
que le peuple envahi se relève brusquement et se
défende contre les envahisseurs, les rejette hors
du pays ou les contraigne, eux, à renoncer à leur
nationalité.

Les faits peuvent se présenter différemment
aussi. Une partie d'un peuple qui ne trouvait pas
dans son propre pays assez de nourriture et de
bien-être, abandonna son foyer et s'établit dans
un autre pays. Si ce pays était inoccupé, mais est aujourd'hui habité par d'autres races émigrées plus
tard, les premiers occupants ont à considérer aujourd'hui la lutte pour leur langue comme un
épisode de la lutte contre les obstacles naturels
qu'une surabondance de population qui s'essaime
doit soutenir, si elle veut fonder des établissements

dans de nouvelles contrées ; comme des marais et
des torrents, des glaciers et des ravins, de la fièvre
et des bêtes féroces, de la faim et du froid, ils doivent se défendre des adversaires humains, et ils ne
peuvent considérer le bien-être qu'ils n'ont pas
trouvé dans leur patrie et ont cherché loin d'elle,
que comme le prix d'une victoire sur tous ces
obstacles morts et vivants, victoire dont l'enjeu
est la vie. Si, au contraire, le pays dont les émigrés ont fait une nouvelle patrie était occupé, ils
devaient savoir dans quelles conditions ils deman-
daient et obtenaient l'hospitalité. Si la renonciation à leur nationalité était une de ces conditions
et s'ils s'y sont soumis, leur faiblesse et leur lâcheté
ne méritent aucune pitié, et leurs hôtes ont raison
d'exiger d'eux, en échange du pain qu'ils leur ont
donné, la renonciation à leur langue et à leur individualité. Mais s'ils ont eu la force de s'emparer
d'une partie du pays étranger sans faire de concessions déshonorantes, ils doivent avoir maintenant aussi la force et la volonté de faire ce qu'ils
auraient dû faire immédiatement alors, s'ils avaient
été accueillis hostilement dans le pays étranger :
c'est-à-dire s'en aller de là, ou s'arroger par
l'épée une portion libre du pays, ou succomber
dans une aventure qu'ils étaient incapables de
pousser à bout.

C'est ainsi que se présente à moi la question des
nationalités. Elle est le cinquième acte de tragédies historiques qui ont commencé à se jouer à
l'époque de la migration des peuples et plus tard,
en partie beaucoup plus tard. Les entr'actes ont
longtemps duré, mais ils ne pouvaient durer éternellement. Le rideau est levé et la catastrophe se
prépare. Elle sera dure et cruelle, mais dures et
cruelles sont les destinées de tout être vivant,
et l'existence est une lutte sans pitié. Il ne s'agit
pas là d'une question de droit, mais, au sens le
plus élevé et le plus humain, d'une question de
puissance. Il n'y a pas de droit qui pourrait contraindre un être vivant à renoncer aux conditions
d'existence nécessaires. Cela ne peut être obtenu
que par la force, et la force provoque la résistance. Aucun fanatique du droit n'a encore
réclamé du lion qu'il introduise un acte d'ex-
propriation, quand il veut dévorer un mouton. Le
lion prend le mouton parce qu'il y est forcé ;
c'est son droit de dévorer le mouton. Sans doute,
ce serait aussi le droit du mouton de tuer le lion,
s'il le pouvait. Là où il s'agit de la vie ou d'une
chose de même importance, les concepts de droit
et de puissance coïncident ; cela est si clair, que
même la loi écrite maintient dans tous les pays
à l'individu la défense légitime comme un droit,

c'est-à-dire admet qu'il y a des situations dans
lesquelles l'homme doit chercher son droit dans
sa force. Et qu'est-ce que la guerre, sinon un pareil
cas de défense légitime, non d'un individu, mais
d'un peuple? Un peuple reconnaît ou croit reconnaître que quelque chose lui est nécessaire pour
la vie ou pour la commodité de la vie, et il étend
la main vers cette chose. Il a sur elle un droit, le
même droit que le lion a sur le mouton. Un autre
peuple veut-il l'empêcher de se procurer cette
chose nécessaire, il doit intervenir avec sa force
pour son droit. Le vaincu n'est pas fondé à se
plaindre, il peut tout au plus tenter de renouve-
ler le combat. Est-il définitivement battu et n'a-
t-il aucun espoir d'être jamais le plus fort, il lui
faut accepter sa destinée comme l'arrêt suprême
de la nature, et se dire : « Je suis né mouton,
et je dois m'accommoder aux conditions vitales
d'un mouton ; il vaudrait assurément mieux que je
fusse un lion ; mais je ne suis pas un lion, et il est
absurde jusqu'au ridicule de faire une querelle
à la nature de ce qu'elle ne m'a pas fait naître
lion. »

Une race à laquelle on veut prendre sa langue
est dans le cas de défense légitime. Elle a le droit
de combattre pour son bien le plus précieux. Mais
quand elle n'est pas assez forte pour le défendre,

elle n'a pas à se plaindre. De même, un peuple dominant a le droit de ne pas laisser amoindrir la liberté de sa parole par la présence d'une autre race dans le même pays, et de ne faire à celle-ci aucunes concessions qui porteraient atteinte à sa commodité. Mais s'il ne peut imposer son droit par la contrainte, il doit se résigner à reconnaître à l'autre race des droits égaux ; il doit descendre, humilié, de sa position supérieure de peuple dominant ; bien plus, il doit périr, si sa domination était la condition de sa vie. J'applique impartialement ce schéma à toutes les nationalités qui luttent, aux Allemands en Hongrie et en Bohême aussi bien qu'aux Danois dans le Schleswig du Nord et aux Polonais à Posen, aux Roumains en Transylvanie aussi bien qu'aux Italiens dans le Trentin. Les cinq millions de Magyars ont raison, quand ils cherchent à transformer en Magyars les onze millions non Magyars de Hongrie ; ils continuent simplement ainsi la conquête commencée en l'an 884 sous Arpad. Mais les Allemands, les Slaves et les Roumains de Hongrie ont également raison, quand ils se défendent, et s'ils étaient les plus forts, s'ils devaient vaincre les Magyars isolés en Europe et les dépouiller de leur nationalité sans appui, les Magyars n'auraient pas le droit de se plaindre et devraient accepter leur destin, au-

quel ils se sont exposés de propos délibéré il y a
mille ans, quand ils s'abattirent sur un pays étranger et risquèrent leurs vies pour y conquérir de
confortables foyers. Les Tchèques ont raison,
quand ils veulent former un Etat indépendant
dans lequel ils ne toléreraient pas les Allemands ;
ils reprennent ainsi les vieux combats de la March
et des Montagnes-Blanches ; mais les Allemands
ont également raison d'opposer à la force une
force plus grande, de livrer une troisième bataille
après les deux batailles historiques décisives, et de
prouver définitivement aux Tchèques qu'ils ne
sont pas assez forts pour jouer aux conquérants
dans le pays où ils ont pu se glisser il y a douze
siècles, parce que personne ne leur opposa de
résistance.

L'Europe n'échappera plus longtemps à la
grande et violente explication des nationalités.
Les portions de peuple séparées du tronc principal
ou se réuniront de nouveau à leur race, ou l'ap-
pelleront à leur secours et triompheront, avec son
appui, des petits peuples au milieu desquels ils se
trouvent et dont ils subissent maintenant le joug.
Les petits peuples qui partagent un pays avec
d'autres et ne peuvent s'appuyer sur de puissants
parents, sont voués à la destruction. Ils sont incapables de se maintenir dans la lutte pour l'exis-

tence contre leurs voisins plus forts. Ils doivent, en
tant que peuples, périr. Seules dureront les
grandes nations, et, parmi les petites, celles-là
seulement qui seront capables de fonder un Etat
national indépendant, en expulsant ou en suppri-
mant, si besoin est, les éléments ethniques étrangers qui étaient fixés parmi elles. Le xxᵉ siècle ne
s'achèvera guère, sans assister au dénouement de
ce drame de l'histoire universelle. Jusque-là, une
grande partie de l'Europe verra beaucoup de
maux et de sang versé, beaucoup de violences et
de crimes; on fera rage contre des peuples et on
écrasera impitoyablement des races ; à côté de
tragédies de l'infamie humaine, il s'en déroulera
de haut héroïsme ; des hordes de lâches se laisseront émasculer sans résistance, des troupes de
vaillants succomberont glorieusement en combat-
tant. Mais ensuite les survivants jouiront de la
pleine possession de leurs droits nationaux, et
quand ils parleront, quand ils agiront, toujours
et partout ils pourront être eux-mêmes.

Ce sont de sinistres perspectives qui s'ouvrent là
devant nous, mais elles ne sont pas de nature à
effrayer celui qui s'est résigné à la dureté de la
loi générale de la vie. Vivre c'est combattre, et la
force de vivre donne le droit de vivre. Cette loi
domine les soleils dans l'espace comme les infu-

soires dans l'eau bourbeuse des marais. Elle
domine aussi les peuples, et donne à leurs destinées terrestres la direction qu'aucune législation
hypocrite et aucune politique finaude, qu'aucun
intérêt de dynastie et aucune astuce de renégats
vénaux ne sont en état de changer.

La sentimentalité peut avoir les yeux mouillés
en voyant périr un peuple. L'intellectuel reconnaît que ce peuple a disparu parce qu'il n'avait
pas la force nécessaire pour durer, et le range parmi les formes biologiques vaincues sur lesquelles
a passé l'évolution du monde.

VII

REGARD EN AVANT

J'ai osé dessiner un tableau sur la grande planche noire de l'avenir : le tableau d'événements à l'accomplissement desquels je crois. Mais la planche noire laisse énormément d'espace libre. Je ne puis résister à la tentation d'en couvrir encore un petit coin de dessins de fantaisie.

Les générations prochaines verront, comme je l'ai expliqué dans le chapitre précédent, la solution violente de la question des nationalités. Les petits peuples faibles disparaîtront, c'est-à-dire perdront leur langue et leur caractère, comme les Wendes dans la Lusace et dans le Mecklembourg, comme les Celtes dans la Bretagne, le duché de Galles et l'Ecosse. Des races proches parentes s'uniront et chercheront à former une grande nation unique, comme déjà l'ont fait les Bas- et Hauts-Allemands, les Provençaux et les Français du Nord, les Slaves sous l'hégémonie de la Russie, comme commencent à le faire les Scandinaves. Les groupes émigrés de puissants peuples ou suc-

comberont, ou, avec l'appui de leur peuple, devien-
dront maîtres des territoires occupés par eux et
les annexeront à leur État national. Cette lutte et
cette poussée générales dans tous les sens créeront
pour un certain temps un pêle-mêle chaotique de
peuples, duquel surgiront finalement en se cristal-
lisant un petit nombre de formes puissantes. Alors
il n'y aura plus en Europe que quatre ou cinq
grandes nations dont chacune sera complètement
maîtresse chez elle, aura expulsé ou absorbé tous
les éléments étrangers et gênants, et n'aura aucun
motif pour regarder au delà de sa frontière autrement que d'une façon amicale et pour voisiner
agréablement. Quelles nations resteront debout
après le grand combat ? Ce qui en décidera, ce ne
sera ni la politique des cabinets, ni le génie des
hommes d'État, ni telle faute ou tel haut fait, ni
l'étroitesse ou l'étendue d'intelligence des person-
nages dirigeants, mais la force vitale naturelle
innée des peuples, qui peut s'affirmer sous toutes
les formes possibles, comme excellence physique
aussi bien que comme fécondité, comme supé-
riorité sur le champ de bataille aussi bien que
comme avance en civilisation, en art et en science,
comme sentiment indestructible de solidarité aussi
bien que comme opiniâtreté à maintenir sa nationalité. Je ne crois pas que c'est par le fait du

hasard qu'un peuple est nombreux ou restreint. Le nombre de ses individus me semble dans le règne animal aussi être un des traits essentiels, une des marques caractéristiques d'une espèce. Si les Celtes ont disparu presque partout, si les Grecs ne purent jamais dépasser quelques millions, si les Magyars, les Albanais, les Basques, les Romands de la Suisse sont restés de tout petits peuples, c'est parce qu'il n'était pas en eux d'en devenir de grands. Au temps d'Alfred le Grand il y avait environ deux millions d'Anglais et vraisemblablement (Il n'existe pas à ce sujet de documents historiques) autant de Scandinaves. Aujourd'hui l'Angleterre compte quarante millions d'habitants, et tout le pays scandinave seulement huit millions. Ce ne peuvent être les conditions du climat et du sol qui ont amené une si inégale augmentation ; car le Danemark, la Suède et la Norvège méridionales ne sont pas essentiellement différents de la plus grande partie de l'Angleterre, et en outre les Anglais ne se sont pas bornés à leur île, mais ont peuplé la plus grande partie de la terre de l'excédent de force de leur peuple. On ne peut de même expliquer par les conditions de climat et de sol que la France ait eu, au commencement de ce siècle, vingt-deux millions d'habitants et en compte actuellement trente-huit millions, tandis que la population de l'Allemagne s'est élevée dans le même laps de temps de seize millions à cinquante et un millions. Les Français avaient pour eux le climat plus favorable, le terrain plus étendu, le sol plus fécond, et sont cependant restés bien en arrière des Allemands. Il s'agit donc manifestement d'un phénomène organique, d'une particularité physique innée dès le premier moment chez un peuple, qui peut, il est vrai, être modifiée et détériorée par des mélanges de sang et des conditions défavorables d'existence ; mais qui, pour peu que la situation reste approximativement normale, prévaut toujours de nouveau, et amène à la longue ce résultat historique, qu'aucune force humaine ne peut empêcher, qu'un peuple s'étend sur de vastes territoires, devient à chaque siècle plus nombreux et plus puissant et finalement domine des parties entières du globe, tandis qu'un autre peuple qui, originairement, n'était pas en arrière de celui-là, cesse peu à peu de suivre son voisin, se recroqueville davantage à chaque siècle, perd toujours de plus en plus en extension et en importance, et enfin ne mène plus qu'une existence fantomatique ou succombe complètement.

Ainsi nous arrivons à une Europe ayant trouvé son équilibre intérieur, et dans laquelle les quel-

.ques peuples restés debout ont obtenu en territoire, en puissance et en unification, tout ce qu'ils
pouvaient obtenir par le déploiement suprême de
toutes leurs forces organiques. Un peuple européen respecte alors l'autre et le considère comme
un phénomène naturel immuable avec lequel on
compte comme avec une chose donnée. On voit
dans les frontières quelque chose d'aussi immo-
difiable que le continent contre l'Océan, et un
Russe pense aussi peu à envahir la terre alle-
mande, ou un Allemand la terre italienne, qu'un
oiseau à vouloir vivre dans l'eau ou un poisson
dans l'air. Chaque peuple travaille dans son
propre pays à l'amélioration de ses conditions
d'existence, écarte successivement tous les obstacles qui s'opposent au développement libre et
universel de l'individu, au plus haut emploi de
toutes les forces, au bien-être le plus complet
possible de chaque individu, comme de la collectivité, et organise finalement dans un développement graduel tranquille, ou par de violentes
révolutions, les formes d'État, de société et de
vie économique qui semblent à sa grande majorité les plus souhaitables. A côté d'une vie intellectuelle intensive, les peuples n'ont plus qu'une
occupation générale : celle d'obtenir de la nature
le pain quotidien. Le nombre des hommes qui

peuvent vivre de professions n'ayant pas pour
objet la production de substances alimentaires,
devient toujours plus restreint. L'utilisation la
plus étendue des forces naturelles, l'invention de
machines ingénieuses rendent superflus les neuf
dixièmes des ouvriers aujourd'hui occupés dans
l'industrie. Une organisation de la société sur la
base de la solidarité, transforme des communautés
entières en sociétés coopératives de consomma-
tion, et supprime le petit commerce des inter-
médiaires. Tout ce qui jusqu'ici s'étalait dans le
monde comme boutiquier et manœuvre, doit
retourner au champ et travailler la glèbe. Avec
cela la nation continue à s'augmenter, les hommes se serrent de plus en plus les uns contre les
autres, la portion de terre qui peut être répartie
à chaque individu devient toujours plus petite,
la lutte pour la vie toujours plus malaisée. On
améliore les méthodes d'agriculture et d'élevage,
on transforme des déserts en jardins, des fleuves
et des lacs en viviers; la terre apporte des ren-
dements qu'on n'a pas soupçonnés auparavant,
mais finalement vient le moment où, en dépit de
tous les artifices, on ne peut plus contraindre le
sol à rendre davantage, et où la question du pain
surgit comme un spectre devant la nation. Où
prendre la nourriture pour les adultes, dont la

vie est prolongée par une science hygiénique plus développée, pour les enfants qui naissent annuellement par centaines de mille et jouissent d'un bon appétit? Déborder simplement au delà de la frontière, inonder pacifiquement les terres voisines, cela n'est pas possible. Dans toute l'Europe, en effet, règne à peu près le même état de choses, et les difficultés d'un peuple sont aussi celles des autres peuples. De même, l'emploi de la force est exclu. On ne fait plus une guerre de brigands pour détruire une autre nation ou la chasser de ses foyers et se les arroger. La civilisation a atteint partout à peu près la même hauteur, les habitudes et les institutions sont devenues semblables; les communications, très actives, parce qu'elles sont aisées et à bon marché, ont noué mille liens intimes entre tous les peuples, et l'on considérerait comme un crime d'étendre la main vers le bien d'autrui. Et non seulement comme un crime, mais aussi comme une entreprise par trop dangereuse et par conséquent irraisonnable. Car tous les peuples européens ont les mêmes armes terriblement perfectionnées, la même organisation militaire et la même pratique de l'art de la guerre, et si l'on engageait avec une population voisine une lutte sanglante pour lui enlever son territoire et son sol, cela ne s'appellerait pas conquérir de nouveaux foyers à l'excédent de peuple pour lequel son propre pays est devenu trop étroit, mais, parce qu'il n'y a plus dans sa patrie de place pour lui, l'envoyer à une mort certaine. D'ailleurs, il n'existe plus de haine nationale, car les luttes entre les nations gisent dans le passé, le plein droit à l'existence de chaque grand peuple resté debout est reconnu par les autres peuples, et la population de tout le continent, en échange ininterrompu d'idées, uniformément cultivée, s'est peu à peu habituée à considérer tous les peuples de l'Europe comme des membres d'une unique famille, et, si elle ne voit des frères que dans ses propres compatriotes, à voir du moins des cousins dans les autres hommes de la race blanche. Aussi peu les habitants d'une province d'un Etat national pensent aujourd'hui à envahir une province voisine, à en chasser les habitants et à s'emparer de leur pays, aussi peu un peuple pense alors à exercer une telle violence contre un peuple européen voisin.

Mais que faire pour résoudre la question du pain ? Ici entre en jeu une loi naturelle. La surabondance de la population européenne se dégorge du continent dans la direction de la moindre résistance. Cette moindre résistance est offerte par les races de couleur ; celles-ci sont en conséquence

10.

fatalement condamnées à être d'abord dépossédées, puis exterminées par les fils de la race blanche. Le sentiment de la solidarité, qui unit peu à peu tous les Européens, ne s'étend pas aux non Européens. L'égalité de civilisation, qui rend semblables les peuples de l'Europe, n'existe pas entre ceux-ci et les habitants des autres parties du monde. L'emploi de la force, qui en Europe n'offre aucune chance, promet au delà de ses frontières de faciles succès. L'Européen qui émigre ne s'éloigne pas, plus que cela lui est absolument nécessaire, de la zone tempérée qui lui est la plus propice et la plus agréable. Il colonise d'abord toute l'Amérique du Nord et l'Australie, toute l'Afrique et l'Amérique au sud des tropiques. Puis il occupe les côtes méridionales de la mer Méditerranée et pénètre dans les parties les plus hospitalières de l'Asie. Les indigènes tentent d'abord de résister, mais voient bientôt leur unique salut dans la fuite. Ils lâchent pied devant les Européens et se précipitent de leur côté sur des voisins plus faibles qu'ils traitent comme eux-mêmes ont été traités par les blancs plus forts. Mais chaque génération engendre en Europe un nouvel essaim débordant d'êtres humains, qui doit émigrer; la nouvelle vague déferle au delà de la limite de marée du premier flot, et les têtes de la colonisation européenne pénètrent toujours plus profondément dans les continents étrangers, toujours plus loin vers l'équateur. Les races inférieures sont bientôt complètement perdues. Je ne vois pas de salut pour elles. Des missionnaires peuvent leur apporter autant de bibles et de christianisme extérieur qu'ils voudront ; des théoriciens de la philanthropie, qui n'ont vu de nègres ou d'Indiens qu'en images ou dans les caravanes exhibées au Jardin d'Acclimatation ou au Champ-de-Mars, s'enthousiasmer pour l'enfant du désert et pour le romantisme des Maoris ou des Caraïbes : le blanc est mieux armé pour la lutte en vue de l'existence que toutes les autres races humaines, et quand il a besoin, pour vivre, de la terre des sauvages, il la prend sans hésitation. L'homme noir, rouge ou jaune n'est plus alors qu'un ennemi qui veut lui rendre plus difficile ou impossible l'existence, et il le traite comme il a traité les ennemis d'ordre zoologique de ses enfants, de ses troupeaux et de ses champs, comme il a traité les grands félins de l'Afrique et de l'Inde, les ours, les loups et les aurochs des forêts vierges européennes : il les extermine radicalement.

La première étape de notre excursion dans l'avenir fut la définitive délimitation des grands États nationaux restés debout dans la lutte pour

leur langue et leur génie, que suivirent le développement intellectuel général et la grande augmentation des peuples de l'Europe. La seconde
étape est la colonisation de toute la terre par les
fils de la race blanche, après que l'Europe d'abord,
puis les zones tempérées des autres parties du
monde sont devenues trop étroites pour elle, et
l'extirpation des races inférieures et plus faibles.
Il faudra beaucoup de siècles, peut-être des milliers d'années, pour que l'aiguillon de la faim
pousse l'homme blanc jusqu'au cours supérieur
du Congo, au bord du Gange et du fleuve des
Amazones, et que le dernier sauvage des forêts
vierges du Brésil, de la Nouvelle-Guinée et de
Ceylan, disparaisse devant lui; mais enfin cela
arrivera, et toute la terre sera soumise à la charrue et à la locomotive des fils de l'Europe.

Se produit-il maintenant un arrêt? Les destinées humaines cessent-elles de se dérouler? Non.
L'histoire universelle est le *perpetuum mobile*, et
elle court, elle court à perte de vue. L'humanité
blanche, qui est seule restée sur la terre, continue
à prospérer vigoureusement dans ses antiques
foyers sur le continent européen et dans les zones
tempérées des autres parties de la terre; les
peuples s'accroissent; incessamment pousse une
fraîche jeunesse qui revendique une place au soleil

et un couvert à la table, et au bout de quelques
générations s'affirme de nouveau la nécessité qu'un
nouvel essaim s'envole de la vieille ruche. Mais
maintenant il n'y a plus de race inférieure qu'on
puisse débusquer et anéantir sans peine et sans
éprouver le sentiment très vif qu'on fait violence
à des frères. Partout on retrouve sa propre con-
formation de visage et de corps, des langues, des
conceptions, des mœurs et des coutumes parentes,
partout des formes familières d'Etat et de culture,
et partout un homme blanc civilisé a inscrit dans
le sol du champ, avec les sillons saints de la
charrue, son droit de propriété. De quel côté les
émigrés doivent-ils se tourner ? Qu'adviendra-t-il
avec l'excédent de naissances, dans les plus anciens pays civilisés ? Une loi reste en pleine valeur
et aide à sortir d'embarras : de nouveau la loi de
la moindre résistance. Il n'y a plus de races inférieures, mais les descendants des immigrés blancs,
qui se sont avancés le plus loin vers l'équateur,
déchoient organiquement dans les tropiques, et
représentent au bout de quelques générations une
espèce humaine inférieure, qui se comportera
vis-à-vis les hommes de sa race dans les pays plus
favorablement situés, comme maintenant les
nègres ou les Peaux-Rouges vis-à-vis les blancs.
Qu'il en advienne ainsi, cela n'est pas douteux.

Les peuples blancs les plus virils et les plus com-
batifs dépérissent dans les contrées torrides au
bout d'une petite suite de générations, et quand ils
ne s'éteignent pas complètement par stérilité ou
par maladie, ils deviennent du moins si débiles et
si flétris, si bêtes et si lâches, si peu résistants à
tous les vices et à toutes les habitudes pernicieuses,
que bientôt ils ne sont plus que les ombres de
leurs pères et de leurs aïeux. Ce fut là en moins de
cent années le sort des superbes Vandales, qui
pénétrèrent en géants germains dans Carthage, et
furent rejetés hors de leur royaume en mazettes
pleurardes par de misérables Byzantins. Le même
fait se répète aujourd'hui aussi dans tous les pays
chauds que le blanc s'assujettit. Le gouvernement
anglais s'efforce en vain de multiplier dans l'Inde
le mariage de ses soldats avec des femmes
blanches. On n'a jamais pu, comme s'exprime le
major général Bagnold, « élever assez d'enfants
mâles, pour fournir les régiments de tambours et
de fifres ». Dans la Guyane française, il y a eu de
1859 à 1882, d'après un beau travail du docteur
J. Orgeas, 418 mariages entre Européens. Sur ce
nombre, 215 sont restés stériles, les 203 autres
ont produit 403 enfants. De ceux-ci, 24 étaient
mort-nés, 238 moururent à différents âges d'avril
1861 à janvier 1882. Ainsi donc, après vingt-

trois ans, 141 enfants représentaient toute la descendance de 836 Européens mariés. Et quel aspect
avaient ces rejetons ! C'étaient presque tous des
créatures microcéphales nabotes, à la peau ridée,
atteintes de diverses infirmités.

Les colons entre les tropiques sont donc voués
à l'étiolement ; non seulement ils ne dévelop-
pent pas davantage la civilisation qu'ils ont
apportée avec eux, mais ils la perdent même, et
ne conservent bientôt plus de leur héritage de
race qu'une langue corrompue et la vanité de
caste, des caractères physiques et moraux de
laquelle plus rien ne subsiste. Les immigrés
vigoureux n'éprouvent aucun scrupule à l'égard
de ces avortons dégénérés, et la faible résistance
qu'ils peuvent opposer n'a pas d'importance. Une
couche fraîche d'hommes qui ont besoin de terre
et de nourriture se répand donc sur ces pays
baignés dans le soleil, ensevelissant sous elle la
vieille couche torréfiée, et reprenant à nouveau
la lutte sans espoir contre le climat. Les contrées
équatoriales accomplissent ainsi dans l'histoire
future de l'humanité le même travail qu'en météo-
rologie. De même que les eaux froides des pôles
s'écoulent vers l'équateur, s'y évaporent et sont
renvoyées sous forme de vapeurs et de nuages ;
de même que par cette volatilisation se produit

un abaissement du niveau de la mer qui doit être
rétabli par de nouvelles masses d'eau venues des
contrées froides ; de même enfin que de cette
manière les masses d'eau de toutes les mers sont
maintenues en constant mouvement, le régime
pluvial de toute la terre réglé et les pays les plus
éloignés fertilisés, ainsi les excédents des naissances s'écoulent des vieux pays civilisés vers les
tropiques, y dépérissent, s'y évaporent en quelque
sorte, et sont remplacés par un constant afflux
nouveau. L'équateur devient une formidable chaudière à vapeur dans laquelle la chair humaine
se fond et se volatilise. C'est un renouvellement
du culte primitif de Moloch. Les peuples de la
zone tempérée jettent une partie de leurs enfants
dans la gueule du four brûlant, et obtiennent
ainsi place pour leur prospérité et leur développement propres. L'image est horrible, mais le fait
ne l'est pas. Ce n'est pas en effet à une mort douloureuse que sont condamnés les enfants des
peuples. Une vie plantureuse et exubérante leur
rit dans les pays chauds ; les airs et les ondes
caressent tièdement leurs membres, les champs et
les bois leur offrent en abondance la nourriture
sans qu'on ait besoin de les y forcer ; l'existence
leur semble plus voluptueuse et plus facile qu'à
leurs pères et à leurs frères sur la vieille glèbe

récalcitrante, et c'est avec de tendres et ardents
baisers auxquels ils s'abandonnent dans des fris-
sons de volupté, que le soleil leur suce la vie par
tous les pores. C'est une mort que toute nature
efféminée préférera au rude combat pour l'existence, c'est un doux écoulement, une chatouillante
déliquescence dans lesquels on est suavement
bercé comme dans un rêve produit par l'opium, et
qui sont plutôt faits pour exciter l'envie que la pitié.

Mais l'équateur ne fonctionne pas éternellement
comme chaudière à vapeur ou bassin d'évapora-
tion de l'humanité ; il n'est pas éternellement la
soupape de sûreté qui s'ouvre chaque fois que,
dans les vieux pays civilisés, la pression devient
trop forte. Il arrive un moment où les circonstances changent complètement de face. Le refroi-
dissement de la terre s'accentue, la ceinture de
glace du pôle glisse de plus en plus profondément, s'enroule autour d'un degré de latitude
après l'autre, et étouffe toujours de nouvelles contrées. Les hommes émigrent avec plus d'ardeur
que jamais vers les tropiques, mais la zone tor-
ride n'est plus maintenant l'étrangleuse perfide
qui vous tue en vous caressant, elle est la nour-
rice de l'espèce humaine. Elle seule alimente
encore abondamment ses habitants, elle seule les
laisse se développer dans toute leur plénitude,

182 PARADOXES SOCIOLOGIQUES

prospérer joyeusement et rester intelligents et forts. Toute culture et toute civilisation se concentrent autour de l'équateur. Là s'élèvent les palais et les académies, les hautes écoles et les musées ; là on pense, on cherche, on écrit et on crée. Là seul les hommes s'éploient encore tout entiers. Tant pis pour les lents, les empotés et les peureux qui se sont attardés dans les vieux pays. Quand eux aussi, sous la pression de la muraille de glace qui s'avance, ils se décident enfin à prendre le bâton de voyageur, ils trouvent les sièges commodes occupés et bien gardés par une race forte qui est devenue plus florissante et plus puissante, alors qu'eux-mêmes se sont affaiblis sous le froid et la faim. Ils campent aux bords du cercle magique comme une bande de loups, et regardent avec des yeux férocement avides la vie forte et abondante qu'ils ont devant eux ; mais dès qu'ils tentent de sauter par-dessus la barrière et de ravir une proie, ils sont refoulés dans leurs déserts de glaces par les robustes maîtres de la terre bénie.

Et ensuite? Ce qui adviendra ensuite, je l'ignore. Ici le noir avenir devient encore beaucoup plus noir. Je ne puis plus rien y distinguer, et le conte doit par conséquent prendre fin.

TABLE DES MATIÈRES

ÉVREUX, IMPRIMERIE DE CHARLES HÉRISSEY

BIBLIOTHÈQUE DE PHILOSOPHIE CONTEMPORAINE

132 volumes in-18; chaque vol. broché : 3 fr. 50 c.

EXTRAIT DU CATALOGUE

H. Taine.
Philosophie de l'art dans les Pays-Bas, 5ᵉ édit.

Paul Janet.
Le Matérialisme cont. 6ᵉ éd.
Philos. de la Rév. 7ᵉ éd.
St-Simon et le St-Simonisme.
Les origines du socialisme contemporain. 3ᵉ édit.
La philosophie de Lamennais.

Ad. Franck.
Philos. du droit pénal. 4ᵉ éd.
La religion et l'État. 2ᵉ édit.
Philosophie mystique au XVIIIᵉ siècle.

Schœbel.
Philosophie de la raison pure.

Saigey.
La Physique moderne. 3ᵉ éd.

E. Faivre.
De la variabilité des espèces.

J. Stuart Mill.
Auguste Comte. 4ᵉ édit.
L'utilitarisme. 2ᵉ édit.

Ernest Bersot.
Libre philosophie.

Herbert Spencer.
Classification des sciences.
L'individu contre l'État.

Th. Ribot.
La Psych. de l'attention.
La Philos. de Schopenhauer.
Les Mal. de la mém.
Les Mal. de la volonté.
Les Mal. de la personnalité.

Hartmann.
La Religion de l'avenir.
Le Darwinisme.

Schopenhauer.
Essai sur le libre arbitre.
Fond. de la morale.
Pensées et fragments.

...
Locke, sa vie...
...
...
O. Schmidt.
Les sciences...

Barthélemy St-Hilaire.
De la métaphysique.

Philosophie...
...
Psychogénie...

Leopardi.
Opuscules et Pensées.

Stricker.
Le langage et la musique.

Ad. Coste.
Conditions sociales du bonheur et de la force. 3ᵉ édit.

A. Binet.
La psychol. du raisonnement. 2ᵉ édition.
Introd. à la psychol. expér.

Gilbert Ballet.
Le langage intérieur. 2ᵉ édit.

Mosso.
La peur. 2ᵉ édit.
La fatigue. 2ᵉ édit.

G. Tarde.
La criminalité comparée 3ᵉ éd.
Les transform. du droit. 2ᵉ éd.

Paulhan.
Les phénomènes affectifs.
J. de Maistre, sa philosophie.

...
Dégénérescence et criminalité.
Sensation et mouvement.
...
...
...

Wundt.
Hypnotisme et suggestion.

Fonsegrive.
La causalité efficiente.

P. Carus.
La conscience du moi.

Guillaume de Greef.
Les lois sociologiques. 2ᵉ éd.

Th. Ziegler.
La question sociale est une question morale. 2ᵉ édit.

Gustave Le Bon.
Lois psychol. de l'évolution des peuples. 3ᵉ édit.
Psychologie des foules. 3ᵉ éd.

G. Lefèvre.
Obligat. morale et idéalisme.

G. Dumas.
Les états intellectuels dans la mélancolie.

Durkheim.
Règles de la méthode sociologique.

P. F. Thomas.
La suggestion et l'éducation.

Duhan.
Théorie psychol. de l'espace.

Mario Pilo.
Psychologie du beau et de l'art.

R. Allier.
Philosophie d'Ernest Renan.

Lange.
...

E. Boutroux.
Contingence des Lois de... édit.

G. Lechalas.
...le temps.

Dugas.
...

Bouglé.
...sociales en A...

Jœu.
...la psychol...

Nordau.
Psychol. ...
...sociologiques.

Lachelier.
...de l'induction.

Lanessan.
Morale des philos. chinois.

Richard.
...

www.ingramcontent.com/pod-product-compliance
Lightning Source LLC
Chambersburg PA
CBHW072021080426
42733CB00010B/1780